Detlef Jens, Hafenjahre

Detlef Jens

Hafenjahre

Leben an Bord

KJM Buchverlag

Die Reihe KJM **MARITIM**
wird herausgegeben von Klaas Jarchow

Das Werk einschließlich aller seiner Teile ist
urheberrechtlich geschützt. Jede Verwertung ist ohne
Zustimmung der Urheber unzulässig.
Das gilt insbesondere für Vervielfältigungen, Übersetzungen,
Mikroverfilmungen und die Einspeicherung und Verarbeitung
in elektronischen Systemen.

1. Auflage, November 2017
Copyright © 2017 Klaas Jarchow Media Buchverlag GmbH & Co. KG
Simrockstr. 9a, 22587 Hamburg
www.kjm-buchverlag.de
ISBN 978-3-945465-51-6

Lektorat: Bernd Brunner, Berlin und Annette Krüger, Hamburg
Herstellung, Satz und Gestaltung: Eberhard Delius, Berlin
Umschlaggestaltung: Rothfos & Gabler, Hamburg
Coverfoto: Frank Walbeck, Hamburg
Druck & Bindung: Beltz Grafische Betriebe, Bad Langensalza.
Alle Rechte vorbehalten

Wir vergeben BUCHPATENSCHAFTEN.

Mehr dazu und zu den Büchern des KJM Buchverlags
www.hamburgparadies.de

Vorbemerkung

Dieses Buch hat zwei Teile. Zuerst berichte ich von meinem LEBEN mit der Familie auf großen Wohnschiffen, vornehmlich im Hafen. Darin geht es um unsere Liege- und Lebenszeit in Hamburg, erst an Bord des Motorschiffes »Libje« und dann mit dem Segelklipper »Pippilotta«.

PLANEN gibt dann weitere Einblicke, denn das Leben an Bord ist nicht immer romantisch und wunderbar, es ist manchmal auch mühsam und kompliziert und vor allem ist es nicht einfach zu organisieren. Dem Interessierten stellen sich viele Fragen, und die sollen, zumindest ansatzweise, im zweiten Teil des Buches geklärt werden. Vieles ist zu erkunden und zu wissen, will man länger oder gar dauerhaft an Bord leben. Nur zwei Stichworte: Technik und Vorschriften. Auch davon berichte ich im Teil PLANEN. Doch auch in diesen Teil fließen hier und da Erlebnisse aus unserem Bordalltag ein.

Geschichten und praktische Überlegungen mischen sich so – hoffentlich! – zu einem unterhaltsamen und zugleich hilfreichen Buch, aufschlussreich für alle diejenigen, die vielleicht darüber nachdenken, ob sie nicht auch einmal auf dem Wasser leben wollen.

Inhalt

Vorweg 7

TEIL 1 – LEBEN
  Gestrandet und gerettet 12
  Schiffsleben in London 24
  Das kleine Glück 35
  Friesisches Leben 42
  Mit dem Wohnschiff unterwegs 48
  Schiffsmenschen und Landmenschen 61
  »Pippilotta« schlägt zu 69
  BILDTEIL 81
  Unterwegs mit »Pippilotta« 101
  Gestrandet in Strande 116

TEIL 2 – PLANEN
  Binnen un buten 128
  Segel oder Motor 137
  Die Qual der Wahl 146
  Mobil oder immobil 159

  Leben auf Schiffen:
  Fragen und Antworten 168

Vorweg
≈≈≈≈≈≈≈≈≈≈≈≈≈≈≈≈≈≈≈≈≈≈≈≈≈

Es war ein langer Winter in Flensburg gewesen und ich hatte die meiste Zeit davon an Bord meiner 11 Meter langen GFK-Yacht »Madonna« verbracht, einem einfachen Serienschiff aus den 1980er Jahren aus Schweden. Die Winter in Norddeutschland können verdammt grau und nass und kalt sein. Wenn auch nicht mehr so kalt vielleicht wie vor einigen Jahrzehnten noch. Eisgang zum Beispiel war in diesem Winter eine Seltenheit gewesen und das Thermometer fiel auch in klaren Nächten nie unter sechs Grad minus. Trotzdem hatte ich zum Jahreswechsel zwei Dinge beschlossen: Ich wollte wieder mehr Sonne sehen, viel mehr, vor allem im nächsten Winter, und ich wollte wieder mehr küssen, viel mehr, und das nicht erst im nächsten Winter. Ich hatte am Steg in Flensburg zwar nette Liveaboard-Nachbarn, aber immer nur die Gesellschaft älterer Herren, das konnte es jetzt auch nicht sein. Auch nicht, wenn einer davon ein frühpensionierter Kapitän und ein wandelndes Lexikon in allen nautischen Dingen war und der andere der Geiger der Band »Santiano«, die lautstarke Seemannslieder rockt und grölt und damit Hallen und Arenen in ganz Deutschland mit rasenden Fans füllt. Groupies verirrten sich trotzdem keine auf unseren Steg ... Ich genoss vor allem die wunderbare Ruhe hier auf dem winterlich stillen, schwarzen Wasser vor der abends so schön erleuchteten Altstadt, deren Häuser und

Schiffe sich an der »Schiffbrücke« auf der anderen Hafenseite aneinanderreihen. Besonders idyllisch war dies während der wenigen Nächte, als eine dünne Eisschicht das Wasser bedeckte, so dass die Oberfläche ganz ruhig war und die Lichter umso intensiver spiegelte. Dann konnte es auch wehen, so viel es wollte, das Schiff lag im Eis trotzdem so ruhig wie ein Billardtisch.

Aber natürlich war es nicht immer ruhig, manchmal fauchte und orgelte auch der Nordwest in Sturm- oder gar Orkanstärke, und wenn dann kein Eis als Deckel auf dem Wasser lag, tanzte mein Schiff am Steg, dass es nur so krachte in den vielen Festmachern, die ich extra ausgebracht hatte, um auch bei solch einem Radau einigermaßen ruhig schlafen zu können. Was mir, im Gegensatz zu meinen Kindern, nicht immer gelang, denn mit einem Ohr und unterbewusst lauscht man eben doch immer auf die vielen Geräusche und darauf, ob in dieser Kakophonie nicht irgendetwas so aus der Reihe tönt, dass es Unheil verkündet. In all den vielen Jahren an Bord und auf See wird man darauf einfach konditioniert, und dagegen kann und will man auch gar nichts machen. Die Kinder hingegen schlafen dann immer selig und ruhig, voller Urvertrauen. Vor allem meine kleinste Tochter Charly, damals ganze fünf Jahre alt, kuschelte sich einmal in solch einer winterlichen Orkannacht in einen Berg Decken und Kissen in der großen Koje im Achterschiff und schlief tief und fest und ganz unbesorgt, während der Mast klapperte, der Sturm im Rigg heulte, die Wellen heftig gegen den Rumpf klatschten und das Schiff die reinsten Bocksprünge vollführte. Als sich tags darauf der Sturm gelegt hatte und ich ihr sagte, dass es in der nächsten Nacht ruhig sein würde, war sie ehrlich enttäuscht …

Kinder schlafen an Bord einfach besser. Das Glucksen des Wassers, das normalerweise nur ganz leise Schaukeln des Schiffes, das wie eine Wiege wirkt, ist ganz offensichtlich die reinste Wohltat für sie. Vor allem gilt dies für Babys, denn sie erinnern die Geräusche im Bauch eines Schiffes an die Geräusche im Bauch der Mutter. Meine beiden größeren Kinder sind außerdem quasi an Bord geboren, jedenfalls waren sie beide nur wenige Stunden nach ihrer Geburt schon an Bord unserer historischen Wohnschiffe im winzigen Hafen von Teufelsbrück in Hamburg: Ole noch auf dem Luxemotor »Libje«; als Malin dreieinhalb Jahre später geboren wurde, lebten wir schon auf dem Zweimast-Klipper »Pippilotta«. Charly hingegen ist, jedenfalls was ihre Geburt betrifft, ein Landkind. Denn als sie kam, lebten wir in einem idyllischen, gemieteten und viel zu teuren Haus an Land, in dem sie an einem zweiten Tag im März auf die Welt kam. Später zogen wir nach Flensburg, und dort lebe ich nun die meiste Zeit an Bord meines Bootes. Ich habe noch eine Wohnung gleich beim Hafen, aber das Boot ist einfach besser. Es ist unvergleichlich viel besser, an Bord zu wohnen, in Bewegung, das Plätschern des Wassers am Ohr, morgens und abends den Kopf aus dem Luk

Blick in den Salon der »Madonna«

zu stecken, Möwengekreisch, andere Schiffe, den weiten Himmel und die Luft zu genießen, die auf dem Wasser immer anders ist als an Land. Dieses Leben als normalen Alltag erleben zu können ist fantastisch. Und intensiv. Und ich kann jederzeit die Leinen lösen, spontan lossegeln, für ein paar Stunden oder ein paar Tage, was macht das schon, ich habe ja alles dabei.

Der Autor bei der Abholung der »Madonna«

Teil 1
LEBEN

Gestrandet und gerettet
≈ ≈

Nun war ich also wieder in Hamburg gelandet. Geplant war das nicht, aber so ist das Leben nun einmal, es passiert ja vor allem immer dann, wenn man gerade andere Pläne macht. Doch nach rund sieben Jahren unterwegs in einigen der schönsten Gewässern der Welt, auf zwei verschiedenen Segelbooten, wollte ich das nicht so einfach widerstandslos hinnehmen. Sesshaft werden? Eher nicht. An Land gehen? Schon gar nicht. Ich bin immer dann glücklich, wenn ich mich an Bord eines Schiffes befinde, auf dem Wasser, wie und wo auch immer, aber nicht in einem Steinkasten von Haus in der Stadt, womöglich noch mit Ausblick in eine laute und lebhaft befahrene Straßenschlucht. Meine, unsere »Enterprise«, das gut 10 Meter lange Segelboot, auf dem ich die vergangenen Jahre frei umhervagabundierend gelebt hatte, die letzten zwei davon gemeinsam mit Anke, die mich nun nach Hamburg zurückgelotst hatte, lag in einem kleinen Schlickloch von Hafen an der Elbe, einem ganz untypischen Hafen in den vornehmen Hamburger Elbvororten. Untypisch jedenfalls für heutige Zeiten; eine lange Tradition hat dieser kleine Hafen, der zweimal am Tag nur wenige Stunden nach Hochwasser trockenfällt, auf jeden Fall. Schon im 18. oder 19. Jahrhundert war dies eine Anlegestelle für Frachtewer an der damals als Sandweg existierenden Elbchaussee unterhalb der »Ornamented Farm« des Barons Vogt, aus der viel später der schönste Park Hamburgs, der Jenischpark, wurde. Dann gab es hier, glaube ich, sogar mal eine kleine Werft, nach dem Krieg schließlich wurde der Platz von einem visionären Hafenmeister als Sportboothafen um- und ausgebaut, mit schwimmenden Holzschlengeln, die damals noch an langen Grundketten festgemacht waren, an denen dann kleinere Segel- und Motorboote anlegen konnten. Eigentlich eine tolle Geschichte und ein richtiges kleines Biotop aus vergangenen Zeiten, so wirkte und wirkt dieser schöne Hafen, nur leider wissen und würdigen das die modernen Landmenschen nicht mehr so richtig.

Es tut hier nichts zur Sache, warum auch wir, vorübergehend, wieder zu solchen Landmenschen wurden. Anke jedenfalls wollte an Land, ich hätte gerne wie die Jahre zuvor an Bord und auf See weitergelebt, hätte dafür aber schon damals unser Zusammensein beenden müssen. Also wohnten wir in einer gemütlichen kleinen Altbauwohnung in Ottensen, mit Blick auf die erwähnte Straßenschlucht, durch die sich, morgens und abends, die »cleveren« Pendler aus den Elbvororten mit ihren fetten schwarzen Autos quälten, um dem Stau auf der nur einen Häuserblock weiter parallel verlaufenden Elbchaussee zu entgehen, wodurch sie einen ebensolchen Stau in unserer kleinen Straße veranstalteten. Aber das war nicht das Einzige, was mir damals, nach sieben Jahren als umhersegelnder Liveaboard (siehe mein Buch »Land's End«), am urbanen Landleben einigermaßen absurd vorkam. Tatsächlich hatte ich ja, Jahre zuvor und in einem anderen Leben, oft genug selber wie einer von denen in diesen Staus gestanden, aber ich jedenfalls hatte mich weiterentwickelt. Anders als die, die jetzt da unten vor meinem Fenster immer noch die Straße verstopften: Stagnation in jeder Hinsicht.

Was mir anfangs noch gefiel, waren die Abende und Nächte in den Kneipen dieses Szeneviertels, aber auch das nutzte sich schnell ab. Menschen, mit denen ich wirklich gerne zusammen gewesen wäre, traf ich hier fast keine. Nach einer Weile wurde es öde, die immer gleichen Geschichten von den immer gleichen Gestalten zu hören, denn inspirierende Charaktere, liebenswerte Verrückte oder auch mehr oder weniger glückliche Lebenskünstler waren hier noch seltener anzutreffen als in den Häfen dieser Welt, in London oder Lagos, in Southampton oder Sevilla – ja, auch Sevilla, mitten im andalusischen Binnenland, aber eben auch am bis dorthin schiffbaren Rio Guadalquivir gelegen, hat einen lebendigen Hafen. Klar, auch in Hamburg-Ottensen gab es sie, die großartigen Ausnahmen, aber die konnte ich an den Fingern einer halben Hand abzählen. Und obwohl ich ein bewährtes Schiff im Hafen liegen hatte, hing ich doch wegen Anke in Hamburg (und Berlin, wo sie damals eine Zeitlang arbeitete und wohin ich dann auch immer mal fuhr) fest, zumal sich bald unser erstes Kind ankündigte. Spätestens da wurde mir eindringlich klar, dass ich zumindest einen Teil unseres Lebens wieder nach eigener Art gestalten musste. An Bord. Wenn wir schon sesshaft wären, dann wenigstens auf einem Wohnschiff, darüber immerhin waren Anke und ich uns einig. Gesehen hatten wir davon während unserer Segelreisen einige, auf dem wunderschönen Canal du Midi, dem »Binnenweg«, vom Atlantik zum Mittelmeer quer durch Südwestfrankreich, in den Niederlanden sowieso, und auch in London.

Solch ein Wohnschiff, ein fahrendes wohlgemerkt, ein alter, umgebauter Binnenfrachter, um die 20 oder 30 Meter lang, erschien uns optimal als schwimmendes Familienhaus. Platz ohne Ende, jedenfalls im Vergleich zur kleinen »Enterprise«, und dazu noch mobil und winterfest. Denn das war leider schnell klar: Unsere »Enterprise« war das ideale Fahrtenschiff, um zu zweit und möglichst im Süden unterwegs zu sein, wo man ja doch die meiste Zeit draußen lebt. Einfach, robust, unkompliziert, zuverlässig. Aber um das ganze Jahr mehr oder weniger stationär, und das auch noch mit einem Baby, im dann doch eher unfreundlichen norddeutschen Klima zu wohnen, brauchten wir etwas Größeres. Eben ein echtes Wohnschiff. Zumal wir ja erst einmal auch wieder in die Tretmühlen an Land einsteigen würden. Warum? Weiß der Himmel, ehrlich. Wohl am ehesten, um unser Zusammensein aufrechtzuerhalten. An sich ja eine gute Sache. Aber nicht dann, wenn man seinen eigenen Lebensstil dafür aufgeben muss. Anke hatte, während wir unterwegs waren, auch mit dem Schreiben begonnen und das als ihre wahre Berufung erkannt. Sie hatte sich daraufhin auf ein Volontariat in verschiedenen Verlagen in Hamburg beworben und nach vielen vergeblichen Versuchen auch eine Zusage bekommen. Das aber war das Aus für unsere, meine bisherige Lebensart gewesen. Unsere Absprache war zunächst, dass sie das Volontariat machte und dann noch ein Jahr, plus/minus, in Deutschland arbeitete, bevor wir wieder losegeln würden. Ich hätte ahnen können, dass es so nicht mehr kommen würde. Erst dachte ich noch, eine Weile wieder in Deutschland zu bleiben wäre eine nette Abwechslung. Dann kamen die Kinder, erst eins, dann zwei, dann drei – und mein erst wenige Jahre zuvor entdecktes Leben als Liveaboard war vorbei. Immerhin, so ein Wohnschiff ist ein Kompromiss. Man lebt sozusagen semi-sesshaft – das Schiff bietet allen Komfort eines »normalen« Hauses, aber es ist eben auch immer noch mobil. Nicht unbedingt hochseetüchtig, aber mobil genug um, in unserem Fall, mal die Elbe abwärts zu schippern, bis nach Neuwerk in der Mündung des Flusses, oder auch mal auf die Ostsee.

Binnenschiffe kann man in ganz Europa kaufen und ansehen, und so rasten Anke und ich denn auch gleich mal, kaum wieder in Hamburg angekommen, mit einem Mietwagen nach Frankreich. Irgendwo in die Provinz, tiefstes Binnenland, an irgendeinem Kanal, der irgendwann zur Rhône und damit ins Mittelmeer führt, lag ein umgebautes Binnenschiff – das erstbeste, welches uns im Internet gefallen hatte. Es war ein Monster von einem Schiff, ein Riesenbiest von bestimmt 30 Meter Länge, wir hätten wohl ein Mehrfamilienhaus draus machen können, trotzdem kam mir der Preis verdächtig günstig vor. Ein Teil des Schiffes war als Zweizimmerwohnung ganz hübsch eingerichtet, der größere Teil war ein riesiger, leerer Raum mit rostigen Wänden. Noch hatten wir keine Ahnung und auch noch keinen Überblick über den Markt, aber das änderte sich in den folgenden Monaten und bald gewöhnte ich mich an die für mich neuen Boots-Dimensionen. Dieses Teil jedenfalls flößte mir Angst ein und wir ließen die Finger davon.

Schon hatte ich mich, in Gedanken, mit der Romantik dieser alten, großen Schiffe vertraut gemacht. Es waren längst ausgediente Frachtschiffe, häufig verkommen, oft umgebaut, doch immer noch mit meistens schönen Rümpfen und einem unübersehbaren Rest von Würde. Die meisten, die wir im Vorbeifahren in Holland oder Frankreich sahen, wirkten wie die letzten noch verbliebenen Inseln glücklicher Hippieseligkeit. Festgemacht, einfach so, unter Bäumen oder am Ende der Wiese am Kanalufer. Bunt bemalt, durchsetzt mit malerischen Rostspuren, an Deck wahlweise klapprige Fahrräder oder Kinderspielzeug oder kunstvoll angelegte Kräutergärten, wo bestimmt auch so manch rauchbares Zeug gezüchtet wurde, oder von allem etwas. Je nach Jahreszeit qualmende Schornsteine oder im Sommerwind schwankende ausgeblichene Sonnenschirme an Deck. Abblätternder Lack an hölzernen Aufbauten, aus denen jederzeit eine Gestalt wie Janis Joplin oder mindestens Sally Oldfield heraustreten würde. Also in vieler Hinsicht inspirierend.

Inspirierend jedenfalls für einen wie mich. Für andere offenbar ganz und gar nicht. Wieder in Hamburg, machte ich mich arglos auf, nach einem geeigneten Liegeplatz für unser noch nicht vorhandenes Wohnschiff zu suchen. In einer großen Stadt wie Hamburg, mit langer maritimer Tradition und einem riesigen Hafen, in dem es damals, Anfang der 2000er Jahre, viele ungenutzte Becken, Kais und Pontons gab, dürfte das doch wohl kein Problem sein. Dachte ich, bis ich nach und nach mit den zuständigen Behörden sprach. Schnell wurde mir eine zentrale Botschaft eingehämmert: Das Wohnen auf Schiffen sei im Hamburger Hafen, und zwar im gesamten Hafengebiet, grundsätzlich verboten. VERBOTEN! Auf Verständnis für mein Anliegen, irgendwo mit meinem Wohnschiff anlegen zu dürfen, konnte ich nicht hoffen, stattdessen schlug mir Ablehnung entgegen, mit wem ich auch sprach. Selten höflich und meist, na ja, sagen wir: kühl bis schroff.

Allerdings muss ich sagen, dass glücklicherweise in den letzten Jahren tatsächlich etwas Bewegung in die Sache gekommen ist. Im Hamburger Hafengebiet darf man noch immer nicht wohnen, doch auf einigen entlegenen Stücken der vielen Kanäle und Fleete in Hamburg werden nun immerhin hier und da Liegestellen für – stationäre – Hausboote ausgewiesen. Auch darf man jetzt wohl mehr oder weniger offiziell an Bord von Sportbooten in einem normalen Yachthafen wohnen, sofern sich der jeweilige Betreiber des Hafens damit einverstanden zeigt. Dies sind zwar erfreuliche, aber auch extrem zaghafte Anfänge für eine Stadt wie Hamburg, die sich immer dann als besonders maritim verkauft, wenn es darum geht, Touristen anzulocken. Dabei könnte man mit schwimmenden Wohnschiffssiedlungen sicher auch viele neugierige Besucher begeistern.

Der Museumshafen in Oevelgönne ist ein gutes Beispiel für diese Doppelmoral. Heute gibt es in ganz Norddeutschland Museumshäfen – noch, muss man sagen, denn den Traditionsschiffen selbst wird ja aktuell wieder einmal das Leben besonders schwer gemacht durch die zuständigen Aufsichtsbehörden und deren wahnsinnig strenge Sicherheitsauflagen. Aber das Thema ist ein anderes. In den 1970er Jahren waren die Oevelgönner die ersten, die einen solchen Museumshafen in Deutschland einrichten wollten. Ein jahrelanger, zäher, erbitterter Kampf gegen die Behörden folgte. Es ist einflussreichen Fürsprechern und anderen glücklichen Umständen zu verdanken, dass es mit dem Museumshafen am Ende geklappt hat. Heute? Wird er freudig beworben als eine große Attraktion Hamburgs, durch die Stadt selbst natürlich – die einst mit allen Mitteln versucht hatte, dieses Projekt zu verhindern. Wie so vieles, was neu ist. So eben auch das Thema Hausboote oder Wohnschiffe, die in anderen europäischen Metropolen schon seit Jahrzehnten das Stadtbild bereichern.

Wir waren jedenfalls ziemlich frustriert nach den ersten, zwar ausgiebigen, aber vollkommen erfolglosen Recherchen in Bezug auf einen möglichen Liegeplatz als Wohnort in Hamburg. Wir lebten vorübergehend an Land, die treue »Enterprise« war noch nicht verkauft, sondern lag in dem schon erwähnten kleinen Hafen an der Elbchaussee, verschnaufte ein wenig und wartete auf neue Reisen. Ein gemütlicher Hafen, mit einem sehr netten Hafenmeister, einem echten Schiffsmenschen natürlich, dem unsere Geschichte gefiel, wie wir uns ein paar Jahre lang segelnd herumgetrieben hatten. Wir hatten dabei gearbeitet und geschrieben, und vielleicht hatte er auch schon etwas von mir gelesen, ich habe ja eine Zeitlang viel und intensiv veröffentlicht, in Segelblättern, aber auch in der Hamburger Tageszeitung und der damals noch in Hamburg erscheinenden großen Sonntagszeitung. Jedenfalls saßen wir, Uwe der Hafenmeister und ich, eines schönen Tages auf der Bank in unserem kleinen Hafen in der Sonne, sahen auf die Boote, tranken gemächlich unser »Astra« aus beschlagenen, kalten Flaschen und sagten nicht viel. Aber dann eben doch das Nötige. Einigermaßen niedergeschlagen berichtete ich kurz und bündig von unserer Idee, auf einem Wohnschiff zu leben, und dass das wohl in Hamburg nicht möglich sei. Worauf wir wieder eine Weile schwiegen. Und tranken. Und in die Sonne blinzelten. Bis Uwe ganz nebenbei sagte: »Dann mach das doch hier.«

Ich glaubte, mich verhört zu haben. Oder irgendetwas missverstanden. Vorsichtig trank ich noch einen Schluck Bier. Hier? In diesem wunderschönen Hafen? Schöner würden wir nirgends in Hamburg wohnen können. Aber an diesen wackligen Stegen, in dem engen Loch von einem Häfchen, mit einem, sagen wir, 25-Meter Schiff anlegen? Mit vielleicht so um die 50, 60 Tonnen Gewicht? War das nicht völlig unmöglich?

»Nö«, sagte der wunderbare Hafenmeister. »Geht schon.«

Wunder geschehen. Tatsächlich. Immer wieder.

Es ging sehr gut. Als ich unser erstes Schiff, die »Libje«, gefunden hatte, machten wir ganz vorn in der Einfahrt fest, am allerersten Steg, die Vor- und Achterleinen nicht auf dem Schlengel, sondern an den Dalben befestigt. Das war notwendig wegen des starken Sogs, der immer dann entsteht, wenn draußen vor dem Hafen auf der Elbe eins dieser riesigen Containerschiffe vorbeifährt. Die verdrängen so viel Wasser, dass sie es im Vorbeifahren von den Rändern des Flusses, also auch aus unserem kleinen Hafenbecken, wegsaugen. Wohin es wenig später mit Macht zurückströmt. Besonders krass war dieser Effekt immer bei »halber Tide«, also etwa zur Halbzeit zwischen Hoch- und Niedrigwasser, wenn unser Hafen noch nicht ganz trocken gefallen, aber nurmehr wenig Wasser darin war. Ab zwei Stunden vor Niedrigwasser war unser Hafen ganz trocken. Die Schiffe lagen und steckten mit ihren Kielen, sofern vorhanden, dann in einer schwarz glänzenden Schlickschicht. Als Folge vorbeifahrender Schiffe kam höchstens mal eine Brandungswelle wie ein Bonsai-Tsunami in den Hafen gerauscht, die jedoch meist völlig folgenlos blieb. Anders war es schon, wenn die Schiffe und Stege noch schwammen. Es ruckte und riss es in den Festmachern der Boote und an den Ketten, mit denen die Schlengel an den Dalben gekettet waren, dass es nur so ächzte und krachte. Besonders laut war es in unserer schönen Wohnküche unter Deck, wenn draußen, gerade neben der Außenhaut, die Stahlstege aneinander und auch mal an die Bordwand krachten. Interessant war es auch immer, wenn das Schiff kurz vor Niedrigwasser schon auf Grund lag, die Stege aber wegen ihres geringeren Tiefgangs noch so eben schwammen und hin und her schossen, dabei aber am nun festliegenden Schiff befestigt waren – normalerweise ist es ja eher umgekehrt.

Daran gewöhnten wir uns schnell. Auch an die winterlichen Sturmfluten, wenn das Wasser so hoch stieg, dass auf der Landseite die Elbchaussee und auf der Wasserseite die Hafenmole komplett unter Wasser verschwanden. Wir kamen also nicht mehr an Land, sollten wir dann gerade an Bord sein, oder auch nicht mehr nach Hause, sollten wir dann gerade an Land sein. Einmal mussten wir aus diesem Grund spontan abends um zehn Uhr noch bei Freunden in deren Wohnung einfallen und dort für die Nacht kampieren. Öfters genossen wir es, vorübergehend eine unerreichbare Insel zu sein, wenn wir dann an Bord waren. Wir spazierten an Deck und auf dem Steg herum, schauten weit auf die tobende Elbe hinaus, da nun ja die Mole nicht mehr den Ausblick verstellte, und erfreuten uns an diesem kleinen Abenteuer.

Doch bevor es so weit war, mussten wir das Schiff ja erst einmal finden. Als nun die alles entscheidende Frage nach dem Liegeplatz geklärt war, machten wir uns ernsthaft auf die Suche. Was folgte, waren unzählige Autofahrten in alle möglichen Häfen vor allem in den Niederlanden. Nach vielen Recherchen und Gesprächen hatte ich einigermaßen klare Vorstellungen, die, noch dazu bei einem begrenzten Budget, nicht einfach in Einklang zu bringen waren, doch am Ende gelang auch das. Unser Schiff sollte möglichst groß, aber nicht länger als 25 Meter sein, denn bei längeren Schiffen gab es damals noch sehr viel mehr Bürokratie und Vorschriften zu beachten als ohnehin schon. Und es durfte auch nicht breiter als knapp unter 5 Meter sein, denn sonst würde es nicht durch die Schleusen der kleineren, idyllischen französischen Kanäle passen. Dass wir mit unserem neuen Haus einmal durch die europäischen Binnengewässer schippern würden, war damals noch ein ernst genommener Traum, der jedoch platzte, als ich die Vorschriften zum Befahren der Binnenwasserstraßen kennenlernte – dazu gleich mehr. Vor allem aber war wichtig, dass es noch wie ein schönes, historisches Schiff aussah. Es gab viele Wohnschiffe, auch in den Niederlanden, die auf einem einst einigermaßen hübschen Rumpf so hässliche Aufbauten mit sich herumtragen mussten, dass es einem beim Hinsehen, oder vielleicht sollte ich besser sagen: Wegsehen, leidtat. Mit einem ästhetisch schönen Schiff aber ist man sehr viel öfter willkommen und findet sehr viel einfacher einen Liegeplatz, ob als Dauerwohnort oder auch nur unterwegs und vorübergehend, als mit einem vielleicht praktischen, aber doch hässlichen und unansehnlichen Kasten von einem Kahn. So auch später in unserem kleinen, wunderbaren Heimathafen in Hamburg: Unser Wohnschiff wurde, vom Hafenmeister und auch fast allen anderen Menschen hier, als Bereicherung und Zierde angesehen. In den Niederlanden geht es sogar so weit, dass historische, museal gut erhaltene Schiffe als »fahrende Monumente« eingestuft werden können, die dann etliche Privilegien genießen, weil sie ja das maritime Erbe des Landes am Leben erhalten. So dürfen sie, das ist für viele vielleicht das wichtigste, in städtischen Museumshäfen kostenlos liegen. Das gibt es bei uns leider nicht, aber mit unseren beiden Wohnschiffen, erst dem Motorschiff »Libje« und dann dem Segelklipper »Pippilotta«, hätten wir auch in Museumhäfen festmachen können. Mit dem kleinen, aber entscheidenden Unterschied, dass die Museumshäfen, und vor allem die Eigner der dort zur Erbauung des Publikums festgemachten Schiffe, nicht wie anderswo vom Staat unterstützt werden. Im Gegenteil, in Deutschland hat man bis heute das Gefühl, dass der Staat den Eignern von Traditionsschiffen nicht nur nicht hilft, sondern ihnen mit allerlei unsinnigen, weil praxisfernen Vorschriften sogar ganz proaktiv das Leben so schwer wie möglich macht.

Schiffsleben in London

Es war, als Anke und ich noch kinderlos und mit unserer kleinen, 10,5 Meter langen »Enterprise« unterwegs waren. Noch waren wir ganz auf das Segeln auf See fixiert, über weite Strecken, möglichst bald und möglichst tief in den Süden. Wir trafen aber auch schon Leute, die auf ehemaligen Binnenfrachtern lebten – so, wie wir es später selbst mit unserer »Pippilotta« tun würden. Und das noch nicht einmal, wie man es erwarten könnte, in den Niederlanden, sondern in London.

Wir waren gerade angekommen, einen Tag vor Silvester die Themse hinaufgesegelt und wollten nun durch die Schleuse in den Hafen »Limehouse Basin« gelangen. Dort, im Hauptquartier der britischen »Cruising Association«, wollten wir einige Monate bleiben und auf den Frühling warten. Allerdings schwamm im Schleusenbecken so viel Müll und Dreck herum, dass vom Wasser schon gar nichts mehr zu sehen war. Und ich verspürte keine Lust, diesen Dreck mit dem Kühlwasser an Bord zu saugen und anschließend alle Wasserfilter der Maschine reinigen zu müssen. Also verholten wir unser Schiff an langen Leinen, ohne den Motor zu bemühen, erst in die Schleuse und dann auch in das eigentliche Hafenbecken hinein.

Wie vor hundert Jahren der Maulesel auf dem Treidelpfad marschierte ich also mit einer Vorleine, an deren anderem Ende die »Enterprise« hing, aus der Schleuse hinaus und auf der Hafenpier entlang. Dort aber lag mir ein alter, sehr zerbeulter und sehr heruntergekommener Binnenfrachter im Weg. Ich tat, was ich tun musste, und kletterte mit der Leine in der Hand an Bord, um unser Schiff außen an diesem Gammelkahn entlang zu verholen. Da öffnete sich die Tür des winzigen Steuerhauses, von dem der Lack großflächig abblätterte, und eine auffallend hübsche, dunkelhaarige Frau steckte ihren bezaubernden Kopf heraus.

»Ist es okay, wenn ich mal kurz an Bord komme, um mein Schiff zu verholen?«, fragte ich höflich auf Englisch.

»Na ja«, kam die Antwort. »Wo du schon mal hier bist, kann ich ja nichts dagegen sagen!«

Wir machten vor diesem Binnenkahn an der Pier fest und fühlten uns erst einmal überlegen – ozeantaugliches Segelboot vor ollem Binnenschipper. Interessant war das andere Schiff aber doch, und so kamen wir auch bald mit den sehr netten Menschen dort an Bord näher ins Gespräch. Dies war der Beginn einer langen Freundschaft mit den Schiffseignern und auch der Keim für unsere eigene, erst viel später konkretisierte Idee, selbst auf solch einem Schiff zu wohnen. Denn »Stormvogel«, so hieß dieser kleine alte Frachter, war knapp 20 Meter lang und wirkte unter Deck, im Vergleich zu unserem winzigen Segelbötchen, wie ein schwimmender Palast. Mehr, das sahen wir sofort, brauchte man zum Leben wahrhaftig nicht.

Schon am ersten Abend saßen wir eng beieinander in der historischen, original aus den 1920er Jahren erhaltenen Achterkabine des Frachters zusammen, tranken viel Wein und erzählten und hörten viel. Mit von der Runde waren Anna und David, stolze und frischgebackene Eigner der »Stormvogel«, sowie Annas Bruder aus Holland und dessen portugiesische Freundin mit ihren rabenschwarzen Haaren. David ist Filmregisseur, seine Partnerin Anna Architektin. Während unserer Zeit im Limehouse Basin sollten wir Anna und David noch oft sehen und dabei auch beobachten, wie aus dem alten, äußerlich heruntergekommenen Frachter allmählich ein sehr schmuckes fahrbares Zuhause wurde; optisch und technisch bald in Bestverfassung. Und schon zwei oder drei Jahre später waren die beiden zu dritt – ihr Sohn Finn wuchs höchst zufrieden an Bord auf.

Die Restaurierung und den Umbau haben die beiden eigenhändig geschafft, bei einigen niederen Arbeiten (Steine schleppen und als Innenballast in der Bilge verstauen, um dann die Bodendielen darüber zu verlegen) halfen wir mit. Es war eine Riesenaufgabe, aber Geld für Werften und Profihandwerker gab es nun einmal nicht. Und wie motiviert man sich zu solch einer Herkulestat? Mit Plänen – Plänen von langen Reisen, in das Mittelmeer oder auch durch die Ostsee nach St. Petersburg, die man mit diesem Schiff unternehmen würde. Allerdings halten nicht alle Pläne dem Kontakt mit der Realität stand. Das Leben, die Jobs, die Kinder – es sind viele Dinge, die einem dann dazwischengeraten können. Als wir die drei wieder einmal in London besuchten sagte David, während wir abends gemütlich an Deck saßen und eine Flasche Wein teilten: »Jetzt so um diese Zeit, also in diesem Jahr etwa, wollten wir eigentlich von unserer großen Reise zurückkommen!« Und er lächelte milde und wehmütig dazu. Zwar fahren sie an einigen Wochenenden die Themse hinab und im Sommer auch schon mal die Küste entlang oder nach Frankreich hinüber. Doch die wirklich große Reise steht noch aus …

Dafür ist »Stormvogel« ein wahres Schmuckstück geworden. Im Laderaum befindet sich die offene Küche, davor ein langer

Esstisch, daneben, als zentraler Punkt in diesem interessanten Raum, ein gusseiserner Bollerofen (obwohl natürlich auch »Stormvogel« über eine Zentralheizung verfügt). Während wir uns unterhalten, strömt draußen das Wasser der Themse vorbei, wir hören es glucksen und plätschern, nur wenige Meter entfernt, außen an der stählernen Bordwand. Und immer mal wieder gerät der Raum ins Schwanken: Wenn ein Schiff vorbeifährt, werden wir von dessen Heckwellen sanft gewiegt. »Das ist es!«, sagt Anna begeistert. »Das ist das Leben auf dem Wasser!«. Living on Water, so lautet auch der Titel eines Dokumentarfilms über diese ungewöhnliche Art zu wohnen, den David für das englische Fernsehen gedreht hat.

»Stormvogel« wurde 1929 im niederländischen Zwijndrecht gebaut und fuhr noch bis in die 1970er Jahre hinein Frachten aller nur denkbaren Art. Die letzte Ladung beispielsweise waren Heuballen, die dermaßen hoch an Deck gestapelt wurden, dass der Steuermann eine besondere Konstruktion benötigte, um das Schiff vom Dach des Steuerhauses aus zu fahren. Doch wie kam es dazu, dass der Binnenfrachter nun in einer der exklusivsten Londoner Wohngegenden, direkt unterhalb der Tower Bridge und nur einen Leinenwurf vom Designmuseum entfernt, als schwimmende Behausung diente?

David ist an und auf dem Wasser groß geworden und lebte bereits seit 1988 auf einem kleineren Boot. »Das ist in meiner Familie nichts Ungewöhnliches, schon mein Vater war verrückt nach Booten«, erklärt er. Einige Monate lang lebte die Familie auf einem Segelboot im Mittelmeer, da war David gerade sechs Jahre alt.

»Das war die vielleicht schönste Zeit meiner Kindheit«, sagt er. Auf jeden Fall hat er sich auf dem Wasser schon immer zuhause gefühlt. »Für mich ist diese Art zu wohnen weder exotisch noch ungewöhnlich!«

Ganz anders sieht es da bei Anna aus. Sie bewohnte, bevor sie David kennenlernte, eine riesige, helle Altbauwohnung in Rotterdam. Hohe Decken, Stuck, freie Sicht, unendlich viel Platz. Über ihren zukünftigen Wohnraum an Bord hätte sie damals wohl eher gelacht. »Wenn ich nicht David getroffen hätte, wäre ich nie im Leben darauf gekommen, auf einem Schiff zu wohnen. Dann lernte ich ihn kennen und zog bald darauf bei ihm an Bord ein. Ich wollte ja nach London und er lebte nun einmal auf einem Boot«, sagt sie. »Aber irgendwie mochte ich dieses Leben und so kauften wir uns dann ein größeres Schiff.« Das allerdings war auch notwendig, denn David wohnte zu der Zeit noch alleine auf einem winzigen, schmalen »Narrowboat«. Dieses Boot, weniger als 9 Meter lang und schmaler als 2 Meter, ist typisch für die kleinen englischen Kanäle aus der Zeit der Industrialisierung und wirkt eher wie ein schwimmender Eisenbahnwaggon. »Die Enge dort an Bord war unbeschreiblich«, sagt Anna. »Es gab gerade eben genug Platz für ein Bett, einen klapprigen Tisch, eine winzige Pantry und einen Schrank, in dem das Klo eingebaut war!« Nur weil sie die auf London und Rotterdam verteilte Wochenendbeziehung bald satt hatte, zog sie auf das Boot – für drei Wochen, so ihre damalige Vorstellung. Bis sie jedoch »Stormvogel« gekauft und weit genug umgebaut hatten, um zumindest provisorisch an Bord zu leben, vergingen lange drei Jahre.

Leicht war es nicht, das passende Schiff zu finden, denn die beiden hatten genaue Vorstellungen. Ein mobiles Schiff, authentisch und autark sollte es sein – kein Ponton, auf den einfach ein Haus gepflanzt wurde. »Denn das ist doch gerade das Fantastische an dieser Art zu wohnen«, schwärmt Anna. »Das Gefühl der Unabhängigkeit. Wir haben eine Basis und ein Haus, aber gleichzeitig sind wir mobil. Im Sommer fahren wir an den Wochenenden die Themse hinab bis nach Faversham an der Mündung. Es ist einfach unbeschreiblich, wenn man morgens aus dem Bett steigt und über Bord ins Wasser springen kann und wenn man ab und zu einen neuen Blick aus den Fenstern hat. Gleichzeitig ist dies ein sehr komfortables Apartment, unterwegs können wir unsere Waschmaschine laufen lassen und haben alles, was man in einer Wohnung eben so erwartet, und dennoch können wir damit wie die Zigeuner leben.« Was ändert sich noch bei diesem Lebensstil? »Man lebt bewusster, da man merkt, wo die Energien und Ressourcen herkommen und dass sie alle endlich sind. Hier kommt der Strom eben nicht nur aus der Steckdose, sondern, wenn wir unterwegs sind, aus dem Generator und den Batterien. Dafür wiederum müssen wir Diesel haben. Und wenn unsere Wassertanks leer sind, gibt es kein Trinkwasser mehr. Das Gas kommt ebenfalls nicht aus der Leitung, sondern aus den Flaschen an Deck – um all das muss man sich eben kümmern, man nimmt es nicht mehr als selbstverständlich hin.«

So ist »Stormvogel« natürlich weitaus mehr als »nur« ein Haus. Es ist natürlich und vor allem ein immer noch voll funktionsfähiges Schiff, das die beiden selbst bewegen können. Daher die Beschränkung in der Größe. »Stormvogel« ist 20 Meter lang und 4 Meter breit. »Das ist das Maximale, was wir noch ohne Stress fahren und manövrieren können«, meint David, der immerhin mit Booten aufgewachsen ist. Aber es bietet auch genug Lebensraum. Der zentrale Ort ist, wie gesagt, der ehemalige Laderaum – hier befinden sich die Küche, ein großer Wohnbereich mit Annas Klavier und, am vorderen Ende durch einen schweren Vorhang abgeteilt, das Schlafzimmer, daneben ein kleines Badezimmer mit Wanne. Im Heck des Schiffes gibt es die frühere Kapitänskajüte, noch ganz authentisch im Stil der 1920er Jahre, mit einem Alkoven als Bett. »Das nutzen wir als Gästezimmer und Arbeitsraum«, sagt David. Und dann gibt es natürlich noch das Steuerhaus an Deck, von dem aus man eine freie Rundumsicht genießen kann.

Für die Architektin Anna brachte der Umbau des Schiffes ganz neue Einsichten. »Wir wollten hier kein Haus imitieren, sondern ein Schiff behalten. Als wir den Laderaum etwas erhöhten, haben wir darüber lange diskutiert. David wollte ihn so niedrig wie möglich lassen, also möglichst authentisch von außen, ich wollte dagegen mehr Innenraum gewinnen. Dann einigten wir uns auf einen Kompromiss und erhöhten den Rand rundherum um knapp 30 Zentimeter. Jetzt haben wir hier drinnen rund 2 Meter Höhe, genug zum Stehen. Der Laderaum sollte eben auch als solcher noch zu erkennen bleiben und ist ja überhaupt ein wunderschöner, großer Raum, der auf keinen Fall verschachtelt werden sollte. So haben wir eine Großzügigkeit und viel Luft und Licht, das Licht fällt ja auch, wie früher, hauptsächlich von oben herein, durch die durchsichtigen Luken, die wir an einigen Stellen eingebaut haben. Und man kann auch hier drinnen sehr schön die Deckskurve sehen, wie das Schiff sich zum Bug hin erhöht. Hier im Laderaum ist die Atmosphäre ganz anders als beispielsweise achtern in der alten Kapitänskammer. Im Gegensatz zu einem Haus haben wir hier verschiedene Flächen und Ebenen, die funktional getrennt sind, das finde ich besonders reizvoll. In den Laderaum muss man über eine steile Leiter hinabsteigen, auch das macht schon viel aus und das wollen wir auch so beibehalten. Dieser Raum hat rund 45 Quadratmeter, insgesamt haben wir etwa 80 Quadratmeter Fläche an Bord.«

Beim Umbau haben die beiden denn auch sehr auf Details geachtet. Im Laderaum sieht man zum Teil die Struktur des Schiffes, beispielsweise an den stählernen Knien, die das Deck stützen. Entlang der Seiten ziehen sich schräge Holzkanten. Die wurden früher eingebaut, damit die Eimer beim Entladen der Fracht nicht unter der Deckskante hängen blieben. »Wir wollten erst verstehen, wie das Schiff in seinem Arbeitsleben funktioniert hat, und es dann entsprechend umbauen«, sagt Anna. »Als Architekten denken wir uns meist einfach etwas aus und bauen das dann, wir beginnen mit einem weißen Blatt Papier. Aber hier hatten wir etwas Organisches, dies war ein lebendiger Prozess. Wir hatten so unsere Ideen, was wir erreichen wollten, aber dazu mussten erst unendlich viele technische Dinge und Detailfragen gelöst werden. Ich konnte hier nicht einfach entwerfen, sondern musste mir ansehen, was bereits da ist und vor allem welche Funktion es hat, und dann daraus etwas machen.«

David ergänzt seine pragmatische Sicht der Dinge: »Viele Leute versuchen, aus Schiffen Häuser zu machen, und das ist zum Scheitern verurteilt. An Bord folgt die Einrichtung eben immer der Funktionalität. Wir leben zwar an Bord, aber es ist innen wie außen zuallererst ein funktionierendes Schiff. Es hat einen großen Maschinenraum und wasserdichte Schotten und stählerne Türen und solche Dinge, die man in einem Haus eben nicht findet. Selbst das Klavier ist am Boden festgeschraubt, damit es unterwegs nicht ins Rutschen kommt. Bei grobem Seegang binden wir es zusätzlich sogar noch fest.«

An seinem ständigen Liegeplatz ist das Schiff durch ein Stromkabel und eine Telefonleitung mit dem Land verbunden. Allerdings, das hebt David hervor, können sie diese Verbindungen schnell kappen. »Wenn wir uns entschließen loszufahren, können wir innerhalb von 15 Minuten unseren Liegeplatz verlassen. Wir haben 1000 Liter Wasser im Tank, damit können wir unterwegs einen Monat auskommen, vorausgesetzt, wir sind im Verbrauch moderat. Hier hält es rund eine Woche, wenn wir hemmungslos duschen, die Waschmaschine benutzen und so weiter. Den Tank können wir mit einem langen Schlauch von Land aus füllen. Für die Elektrik haben wir zwei getrennte Stromkreise, einmal 24 Volt für den Schiffsbetrieb, darunter fallen Navigationslichter, Instrumente und solche Dinge, sowie, über einen Inverter, 220 Volt für den schwimmenden Haushalt. Dazu viele Batterien, die werden von der Hauptmaschine geladen. Wir haben 750 Liter Diesel, damit werden nicht nur die Maschine, sondern auch die Zentralheizung und das Warmwasser betrieben. Die Maschine verbraucht etwa acht bis zehn Liter pro Stunde, bei sieben Knoten Fahrt haben wir eine Reichweite von 100 Stunden oder rund 1200 Kilometer.«

Diesel bekommen die beiden von einem Tankschiff, das je nach Bedarf längsseits kommt und auch das Gas liefert. Geheizt wird mit der Zentralheizung und dem gusseisernen Bollerofen, der in der Mitte des Raumes steht: »Da verheizen wir das Treibholz, das wir aus dem Fluss fischen. Wir finden hier überhaupt so viel fantastisches Holz, darunter dicke Teakplanken und Mahagoni und so etwas, dass wir daraus auch viele Einrichtungsteile bauen«, sagt David und verweist auf die Bücherregale im Laderaum, die aus wunderbar verwittertem Treibholz gebaut sind.

Ein wirklich romantisches Leben, also? »Unbedingt«, begeistert Anna sich. »Das Leben an Bord, der Alltag, spielt sich schon in einer ganz anderen Welt ab. Das Plätschern des Wassers, die Bewegung. In einem Haus hat man keinerlei Verbindung zum Wetter draußen, hier jedoch umso mehr. Gezeiten, Wind, Sonne, Regen, Mond – alles wird intensiv registriert.« Dazu leben die beiden zwar mitten in der Metropole, aber auf dem Fluss dann doch auch in einem Stück Natur. »Wir nutzen den Fluss als Transportweg, so, wie es früher einmal normal war«, erzählt David. »Wir haben ein Beiboot mit Außenborder und fahren damit zur Kneipe, manchmal hole ich auch Anna per Boot von der Arbeit ab oder wir transportieren schwere Dinge darin. Eine Großstadt ist eng, aber hier auf dem Fluss haben wir Raum und Luft, um frei zu atmen.« Seit sie hier leben, können sie es sich beide nicht mehr vorstellen, in der klaustrophobischen Enge an Land zu wohnen. Anna: »Ich spüre jedes Mal den Wind, wenn ich komme oder gehe. Der Tidenhub hier beträgt mehrere Meter, und auch damit ändert sich die Aussicht alle paar Stunden.« Und David: »Hier kommen unentwegt interessante Schiffe vorbei – Ozeanriesen, Frachter, Segler, einfach alles. Alles bewegt sich und ist lebendig, hier ist nichts tot oder statisch.«

Sogar der Hafen, in dem sie liegen, bewegt sich. Er besteht aus vielen alten Schuten, die verankert und zu Studios und Konferenzräumen umgebaut wurden. Darauf sind kleine Gärten angelegt. Alle sind miteinander verbunden, aber alle schwimmen mit der Tide auf und ab und bewegen sich im Schwell der vorbeifahrenden Schiffe. Hier liegen etwa sechs Schiffe, auf denen permanent gelebt wird, die Bewohner sind Fotografen, Bildhauer, Modedesigner oder eben auch Architekten und Filmleute.

Sogar ein ehemaliger Mönch ist dabei, der jetzt als Kurier arbeitet. »Eine wirklich nette Nachbarschaft. Das hat schon fast etwas Anarchistisches, wie wir hier auf den Schiffen leben, vor allem im Kontrast zu den teuren Wohnungen an Land,« sagt Anna.

Mittlerweile haben sie mehr geschafft als ihre einst erträumte lange Reise. Sie haben, gemeinsam mit den Eigentümern rund eines Dutzends weiterer Wohnschiffe, einen alten, ausgemusterten Zollanleger in der Themse kaufen können. Ein Stück Wasserfront mitten in London, einer der teuersten Metropolen der Welt, in der sich häufig noch nicht einmal gut verdienende Familienväter eine anständige Wohnung leisten können. Jahrelang verhandelten sie, mit der Hafenbehörde, dem Umweltamt, den Banken. Dann hatten sie plötzlich das eigentlich Unglaubliche geschafft. Nun entsteht hier, wieder einmal hauptsächlich durch die eigene Arbeit, ein Ponton als Anleger für historische Wohnschiffe, mit einem Lagerschuppen und einem Gemeinschaftsraum und einer Anlage, die die hier vertäuten Schiffe mit Strom und Wasser versorgt und gleichzeitig die Abwässer aus den Tanks in die Londoner Kanalisation leitet. Ein tolles Beispiel dafür, dass auch das Undenkbare geschehen kann, wenn man fest genug dran glaubt – und arbeitet und nicht lockerlässt. Denn Liegeplätze hier sind Gold wert, jeder Zentimeter Pierlänge ebenfalls.

Und die Reise? Ist verschoben, aber nicht aufgehoben. Noch lange nicht. »Wenn wir den Anleger erst einmal fertig haben, können wir doch jederzeit für ein oder zwei Jahre verschwinden«, sagt David. »Aber wenigstens haben wir nun einen Ort, an den wir immer wieder zurückkehren können!« Auch das ist ein Luxus, eine ungeheure emotionale Sicherheit für alle entwurzelten Seenomaden.

Das kleine Glück
≈ ≈

Nicht immer merkt man es, aber dieser Abend war so ein Abend. Ganz unspektakulär, aber magisch. Unser Wohnschiff, der schöne, große historische Segelklipper »Pippilotta«, lag als einziges Schiff im Hafen von Teufelsbrück. Schlagartig wurde mir etwas Wunderbares klar: Ich lebe genauso, endlich, wie ich es mir immer gewünscht habe. Darauf muss man erstmal kommen! »Du altes Schwein im Trüffelbeet, weißt du auch stets, wie gut es dir geht?« Das musste Joachim Ringelnatz sich von Zeit zu Zeit selbst fragen, um sich dann darauf zu stoßen.

Es geht mir gut. Saugut sogar. Und, was noch viel bemerkenswerter ist: Man muss gar keinen großen Törn in die Südsee oder sonst wohin unternehmen. Um in den Genuss dieses wunderbaren Gefühls zu kommen, reicht es, ein ganz normales, kleines Manöver im Hafen zu machen. Mehr brauche ich offenbar nicht, um glücklich zu sein. Was das genau über mich sagt, möchte ich jetzt gar nicht wissen.

Es ist ein Frühlingsabend, noch kühl, aber nicht mehr kalt. Früher Frühling, das Wetter kann auch jederzeit wieder kippen, vor zwei Tagen erst hat es noch geschneit. Wie auch immer, wir haben nur mal eben das Schiff umgedreht, mehr nicht. Unser Wohnschiff »Pippilotta« liegt noch an ihrem Winterliegeplatz in unserem kleinen Hafen, ganz innen und direkt vor der schwimmenden Kneipe, die hier auf einem Ponton verankert ist. Uwe der Hafenmeister beginnt damit, die Schlengel wieder in den Hafen hineinzubugsieren, über Winter waren diese kleinen schwimmenden Anlegestege zur Wartung auf einer Werft auf der anderen Elbseite gewesen. Bislang lagen wir mit dem Steven zum Tresen, unser Bugspriet hätte, wenn ich ihn runtergelassen hätte, auf der Kneipentheke gelegen. Wenn aber erst einmal die Schlengel an den Dalben gegenüber liegen, haben wir keinen Platz zum Drehen mehr. Wir würden einfach stecken bleiben. Und den ganzen Hafen rückwärts rausfahren, das ginge gar nicht. Schon nach wenigen Metern schert das Heck von »Pippilotta« stark nach Backbord aus. Da kann man machen, was man will. Egal, wie das Ruder steht oder der Wind weht oder was der Skipper will. Sowie die Maschine rückwärts läuft, klappt das Heck nach Backbord. Das ist ein eisernes Naturgesetz und liegt an dem sogenannten Radeffekt, der durch die Drehrichtung der mächtigen Schiffsschraube hervorgerufen wird. Wenn man diesen Effekt planvoll mit in seine Manöver einbauen kann, dann ist das ganz praktisch. Aber wenn nicht, dann ist es nur noch eine Katastrophe.

Also, rückwärts aus dem Hafen fahren war nicht. Drehen, nachdem die Schlengel liegen, auch nicht. Also mussten wir das Schiff vorher drehen. Die Familie war nicht da, aber mein Bootsmann und mein Freund Christoph schauten vorbei, um ihre Hände zu leihen. Ganz ruhig und unspektakulär und souverän drehten wir die dicke alte »Pippilotta«, immerhin an die 70 Tonnen schwer und, ohne den jetzt schräg hochgeklappten Klüverbaum mit einzurechnen, 25 Meter lang, in dem engen Hafenloch direkt vor der Kneipe – leider war es noch vor der Essenszeit und so hat mal wieder kein Schwein zugeschaut.

Vorleinen los, alle Vorsprings ebenfalls, nur das Heck bleibt noch fest. Dann Maschine einmal kräftig voraus, Ruder legen, der Wind hilft auch mit: Der Bug klappt rum. Nun das Heck losbinden und ein paar Meter weiterfahren, nicht zu weit, sonst rammt sich der Bug die Böschung zur Promenade rauf, Ruder dabei hart steuerbord. Wie gesagt, Platz gibt es hier nicht viel, es bleiben vor und hinter dem Schiff nur wenige Meter. Dann kräftig achteraus gegeben, das Heck dreht dabei wie oben beschrieben nach Backbord und unterstützt die Drehung noch. Heck dann an der neuen Stelle, jetzt mit der Steuerbordseite am Steg, festgemacht. Voraus geben, Ruder legen, der Bug klappt ran und wird ebenfalls festgemacht. Fertig. Lässig.

Klingt einfach und ist es auch, wenn alles klappt. Leider hatte sich unser Anker im Beiboot verfangen, das unterm Bug festgemacht war. Dumm gelaufen, das, aber es hat uns nur eine kurze Weile aufgehalten, indessen Christoph das Boot vom Anker wieder lostüderte. So ganz professionell wirkte unser Manöver dadurch allerdings nicht mehr. Dafür sah die gute »Pippilotta« umso besser aus. Im Abendlicht jedenfalls. Wir tranken noch drei Bier zusammen, auf dem Steg vorm Schiff, dann machten sich die beiden wieder von dannen.

Und ich? Besah mir mein Schiff. Mein Haus. Mein mobiles Schiffshaus für meine Familie und mich. Als wäre es das erste Mal. Ich ging an Land, stand auf der Uferpromenade und blickte zur »Pippilotta« hinunter. Kein Wunder, dachte ich voller Stolz, dass wir so oft fotografiert werden. Der gewaltige Rumpf mit einem eleganten Decksprung. In der Mitte ist es niedrig, zum Heck und vor allem zum Bug hin steigt das Deck in einer ganz genau richtig proportionierten Kurve an. Die Masten, auch wenn sie ein bisschen schief und krumm sind, das

Rigg, auch wenn das Tauwerk zu alt und brüchig ist – in diesem Moment sah alles einfach nur wunderbar aus. Ein romantisches großes Segelschiff im Abendlicht. Es sah aus wie aus einer anderen Zeit, natürlich, und dieses Bild trug ein leises Versprechen in sich, von Ferne, von Abenteuern und von neuen Ufern. Etwas Schöneres, das schwöre ich, gab es für mich in diesem Moment auf der ganzen wunderbarsten aller Welten nicht. Trotz aller Probleme und Katastrophen, die mir dieses Schiff schon beschert hatte und noch bescheren würde. In dem Moment waren sie alle vergessen, wenn auch nicht vergeben. Stundenlang könnte ich so vor meinem Schiff stehen und es verliebt und bewundernd betrachten. So war mir mit einigen meiner früheren Schiffe auch schon gegangen, und zuweilen, ganz selten, passiert es mir sogar mit fremden Schiffen (wie mit dem Schoner im alten Hafen von Cannes, in den ich mich so heftig verguckt hatte, während mein damaliges eigenes Schiff, die »Enterprise«, mit Anke und einer ihrer Freundinnen an Bord im Londoner Limehouse Basin lag und uns dort vorübergehend als kleines City-Apartment diente).

Ich bin mir ganz sicher, einem Hausbesitzer kann so was nicht passieren. Häuser haben möglicherweise einfach nicht diese Faszination, diese Ausstrahlung wie Schiffe. Höchstens vielleicht Schlösser. Aber da ich nur relativ wenige Schlossbesitzer in meinem Bekanntenkreis habe, kann ich dazu nichts Genaues sagen. Und wer möchte schon in einem Palast wohnen: »Friede den Hütten, Krieg den Palästen« war ja einst eine revolutionäre Losung und man weiß nicht, ob dieses Thema nicht noch einmal wieder an Aktualität gewinnt. Doch Schluss der Unkerei, zum Kern der Sache zurück: »Häuser sind nichts als schlecht gebaute Boote, so fest aufgelaufen, dass man gar nicht daran denken kann, sie zu bewegen. Sie gehören definitiv zu den untergeordneten Dingen, sie gehören zum Gemüse und nicht zur Welt der Tiere, unfähig zu fröhlicher Veränderung. Als Ausnahmen würde ich, unter Bedenken, allenfalls noch Schneckenhäuser und Caravans gelten lassen. Das Bedürfnis, ein Haus zu bauen, ist der müde Wunsch eines alten Mannes, der sich fortan mit einem einzigen Ankerplatz bescheiden möchte. Der Drang jedoch, ein Boot zu bauen, ist das Verlangen der Jugend, die sich noch nicht mit der Idee eines finalen Ankerplatzes abfinden kann.« So schreibt es Arthur Ransome gleich zu Beginn des wunderbaren Buches »Racundra's First Cruise«. Das Boot »Racundra« wurde in den Jahren 1921 und 1922 in Riga, Lettland, gebaut. Ransome war damals als Korrespondent einer englischen Tageszeitung in Russland und im Baltikum unterwegs und segelte dann die im Buch beschriebene erste Reise mit einem alten Seemann und seiner Geliebten, ausgerechnet der Sekretärin von Trotzki, an Bord. Die Russen kannte er wohl überhaupt ganz gut: Lenin hatte er mehr als einmal in einer Partie Schach besiegt. Vielleicht hatte er ja Glück, dass er danach noch lebte! Aber vor allem wollte er auf seinem Schiff leben, solange es auf diesem relativ kleinen Boot von weniger als 10 Meter Länge eben möglich war.

Am Abend des Hafenmanövers tat ich noch etwas, was weder Villen- noch Schlossbesitzer normalerweise so einfach tun können. Ich stieg in das Ruderboot und pullte auf die dunkle, stille Elbe hinaus. Es war kurz vor Hochwasser, der Fluss lag ruhig und glatt und strömte fast nicht mehr. Die Lichter der Schiffe und Häuser und Laternen und anderen Dinge an Land spiegelten sich im trägen Dunkel der Wasseroberfläche. Die Sterne, sofern nicht von einigen abziehenden Wolken verdeckt, taten das auch. Ich ruderte mit langsamen, gleichmäßigen Schlägen am Ufer entlang flussauf, Richtung Neumühlen. Bald kam ich an einen kleinen Strand, im Dunkel konnte ich gerade die schattenartigen Umrisse eines umgestürzten Baumes ausmachen, dessen Zweige bis weit übers Wasser reichten. Oles Kletterbaum, der Kletterbaum unzähliger Kinder. Jetzt war keine Menschenseele hier. Ich dachte: Wäre jetzt jemand hier, säße vielleicht im kalten, feuchten Sand und sähe wie ich die Elbe hinab, ebenfalls fasziniert von den sich im schwarzen Wasser spiegelnden Lichtern, das müsste etwas bedeuten. Eine Seelenverwandte oder wenigstens ein Seelenverwandter. Allerdings blieb ich alleine. In meinem Ruderboot und auch sonst im Universum, wie es mir schien. Keine Seelenverwandtschaft weit und breit – die waren vermutlich alle in warmen, gemütlichen Restaurants zum Essen.

Ich ließ mich treiben. Alles war reglos und still. Das Wasser hätte auch 1000 Meter tief sein können, mit allen dazugehörigen Ungeheuern und Geheimnissen, aber ich schwamm ja obenauf. Die Ebbe setzte ein, nahm mich mit wie jeden Zweig und jedes Stück Treibholz, gemächlich driftete ich zurück nach Hause.

Nach Hause? Muss es nicht heißen: nach Schiff? Auch dieses Leben auf dem Fluss, in Hamburg, das alleine war schon einzigartig und wunderbar. Im Hafen bewunderte ich zum abertausendsten Mal die verführerisch und trügerisch hübsche »Pippilotta«, die mit all ihren Macken und letztlich unlösbaren Problemen dann später das vorübergehende Ende meines wunderbaren Liveaboard-Daseins einläutete, dann machte ich das Beiboot unterm Heck des Klippers fest und ging an Bord. Zeit für ein Glas Wein.

Was für ein Abend! Ich war an diesem Abend alleine. Am nächsten Tag würde meine Familie zurück an Bord kommen. Anke und unsere zwei Kinder, Ole und Malin. Trubel! Dieser stille Abend wird mir lange in Erinnerung bleiben.

Friesisches Leben
≈ ≈

Unser erstes Wohnschiff, bevor wir auf die »Pippilotta« umzogen, war ein echtes, großes, historisches und fahrendes Wohnschiff namens »Libje« – das ist Friesisch und heißt »Leben«. Sehr passend, ebenso wie das Schiff an sich. Gefunden habe ich es in einem kleinen friesischen Nest in der Mitte des Nirgendwo, als ich die Suche schon fast aufgegeben hatte. Nach unzähligen Fahrten hauptsächlich durch die Niederlande, mal mit und oft auch ohne Anke, und etlichen ergebnislosen Schiffsbesichtigungen glaubte ich schon fast nicht mehr an ein gutes Ende. Die meisten Schiffe waren zu teuer oder zu hässlich oder ziemlich verrostet und vergammelt und oft auch alles zusammen. Diese Kähne waren im Schnitt zwischen 80 und 100 Jahre alt und ich legte einigen Wert darauf, dass unser neues Wohnschiff außen möglichst originalgetreu erhalten sei; innen dafür natürlich wohnlich, mit funktionierender Technik, und das alles nicht zu teuer. Ein ambitioniertes Paket, sicher, aber unter dem sollte es nicht sein. Auch ein ständig besoffener Makler aus Amsterdam, der uns zwei, drei Tage lang kreuz und quer durchs Land zerrte und uns schon mittags mit einem grauenvollen Kräuterschnaps beglücken wollte, konnte nichts Passendes anbieten. Dass er uns am Abend des dritten Tages in einer ansonsten ganz netten Hafenkneipe in Amsterdam als »schwierige Kunden« bemaulte, weil wir in seiner Auswahl kein passendes Schiff gefunden hatten, machte ihn auch nicht sympathischer.

Welch ein Lichtblick dann, als ich einige Wochen später in der niederländischen Provinz Friesland zum ersten Mal »Libje« in Augenschein nahm. Ich weiß nicht mehr genau, wie ich auf sie gestoßen war (oder sie auf mich), es muss auf einer der vielen Internetseiten über »fahrende Wohnschiffe« gewesen sein. Ideal war auch sie nicht, einige Basics, die ich als wichtig erachtete, fehlten. Statt einer Heizung gab es nur zwei Kohleöfen an Bord. Gekocht wurde auf einem antiken Propangaskocher, das Klo thronte auf einem Standrohr, eben oberhalb der Wasserlinie, durch das alles, was man oben hineintat, ungefiltert ins Wasser plumpste. Der Frischwassertank war eine offene Zinkwanne im Vorschiff, Navigationslichter gab es keine und überhaupt war dieses Schiff von einer mehr als bescheidenen Einfachheit. Aber es hatte einen fantastischen Rumpf. Hübsche Linien mit einem geraden Steven, einem schönen Decksprung und einem eleganten Heck. Ein originales hölzernes Steuerhaus. Der Wohnraum war überdacht mit den ursprünglichen Holzluken, abgedichtet wie eh und je mit einer dicken, stabilen Plane. Auf dem Vorschiff stand ein Holzmast mit Ladegeschirr. Das Schiff stammte aus den 1930er Jahren und sah fast so aus, als würde es noch immer Fracht fahren. Sicher ist aber auch, dass ich diesen ungeschliffenen Diamanten nicht als einen solchen erkannt hätte, wenn ich nicht zuvor durch die Niederungen der ausgiebigen Schiffssuche gegangen wäre.

Diesmal war ich alleine in die Niederlande gefahren. Es war Liebe auf den ersten Blick, als ich endlich das winzige friesische Kaff gefunden hatte, wo sie am Ufer lag. Zwei, drei Häuser, mehr nicht. Der Kanal ein Rinnsal, ein Bach eher, kaum doppelt so breit wie das Schiff. Als ich über eine spielzeugkleine Klappbrücke holperte und sie dort liegen sah, wusste ich – das ist sie. Stolz reckte sie mir ihren senkrechten, bunt bemalten Steven entgegen. Ein echter »Steilsteven«, eben, bald lernte ich, dass diese Art von Frachtschiffen damals tatsächlich so hieß. Klopfenden Herzens stellte ich das Auto irgendwo ab, schritt am Schiff entlang – 24,5 Meter – und ging schließlich an Bord. Vom feuchten, hohen Gras am Kanalufer über eine hölzerne Planke aufs schmale Seitendeck. Dabei stieß ich mit der Nase schon fast an das Fensterglas im Steuerhaus: Ein riesiges hölzernes Steuerrad mit blank gescheuerten Messingbeschlägen fesselte sofort meinen Blick. Noch ahne ich nicht, dass ich nur wenige Wochen später an diesem Rad kurbelnd dieses Schiff fahren würde – durch die Kanäle, durch das Wattenmeer, die Elbe hinauf bis nach Hamburg.

Jetzt wurde ich erstmal freundlich begrüßt. Der Makler, ein Schiffsnotar aus Harlingen und komplett nüchtern, war von wohltuender Professionalität. Vielleicht ein bisschen zu professionell. Als ich am Ende einer langen Besichtigung und ausführlicher Gespräche über das Schiff, dessen Historie, aber auch schon die nächsten Schritte wegen einer möglichen Transaktion sagte: »Ich würde das Schiff gerne kaufen«, erwiderte er, sehr freundlich lächelnd: »Ja, darüber reden wir dann, wenn Ihre Frau es gesehen hat!«

Gerade frisch verheiratet, schluckte ich zwei-, dreimal und versuchte, mir meine Irritation nicht anmerken zu lassen.

Die Verkäufer indes, die auch anwesend waren, lachten herzlich und erzählten mir von ihrer »Libje«. Es war ein altes Ehepaar, die Frau stolz und emotional, denn sie wollte sich überhaupt nicht von dem Schiff trennen; er dagegen fröhlich, mit langen weißen Haaren und einem verschmitzten Grinsen. Wie sich herausstellte, hatten die beiden jahrzehntelang an Bord gewohnt und hier auch ihre drei Kinder großgezogen. Seit einigen Jahren lebten sie nun in dem Haus am Kanal, vor dem »Libje« festgemacht gewesen war. Die drei Kinder waren längst erwachsen, die beiden hatten jede Menge Enkel. Als die Frau hörte, dass Anke gerade mit unserem ersten Kind schwanger war, taute sie sehr schnell auf. Und als ich ihr sagte, dass ich das Schiff wunderschön fand und dass wir natürlich an Bord leben wollten, schien sie mich und meine zukünftige Familie schon fast zu lieben. »Stell dir vor, wir hatten hier schon hochnäsige Menschen an Bord, die nur ganz arrogant sagten, was man sofort alles herausreißen und umbauen müsse!«, schnaubte sie. Ich zuckte innerlich, dachte an Zentralheizung, Wassertank, Klärwerk, sagte aber lieber nichts dazu. Nein, zumindest außen würden wir das Schiff komplett unangetastet belassen, ebenso das Steuerhaus und die »Schipperskabine« achtern. Das war eine kleine Kabine ganz hinten im Schiff, in der, als mit dem Schiff noch Fracht gefahren wurde, der Schiffer und seine Familie gewohnt hatten. Die war noch komplett original aus den 1930er Jahren erhalten und strahlte eine unglaubliche Gemütlichkeit aus.

Als die beiden sich kennenlernten, in den 1960ern muss es wohl gewesen sein, waren sie sich einig, dass sie auf ein Schiff ziehen wollten; er war Seemann, allerdings in der großen Fahrt weltweit unterwegs. Auf Schiffen zu wohnen, das war damals auch in den Niederlanden noch gar nicht so beliebt und anerkannt wie heute, und ihre Eltern wetterten dagegen: Sie sei doch wohl keine Zigeunerin. Auf einem Schiff leben! Mit einem Seemann! Davon unbeeindruckt kauften die beiden ihr Schiff und bauten es eigenhändig vom Frachter zur schwimmenden Familienwohnung um. »Ich sagte meinen Eltern damals, es sei mein Leben. Mein Libje!«, erklärte sie mit vorgestrecktem Kinn. So war es zu diesem Namen gekommen.

Als Frachter auf den Binnen- und Wattengewässern der Niederlande hatte das Schiff zuerst Torf, dann Sand und Kies transportiert. Es war von Anfang an ein Motorschiff, hatte aber noch zwei Seitenschwerter aus Eisen. Nicht zum Segeln, wie mir ihr Eigner erklärte, sondern zum Manövrieren: Nur indem man das Schiff »auf dem Schwert« drehen lasse, könne man enge Kurven damit fahren. Ohne Schwerter hingegen würde es einfach aus der Kurve getragen und seitlich wegdriften wie ein Blatt auf dem Wasser …

Nun, das Fahren damit würde ich noch lernen, sagte ich mir damals. Nie vergessen werde ich, wie wir, die beiden Eigner und ich, die »Libje« gemeinsam vom Liegeplatz direkt vor ihrem Haus durch die Kanäle zu einer Werft ein paar Meilen weiter fuhren, wo sie dann zur Begutachtung des Unterwasserschiffes aus dem Wasser geholt werden sollte. In den Niederlanden werden diese Untersuchungen regelmäßig, etwa alle fünf bis zehn Jahre (und bei einem Verkauf sowieso), und oft von den Versicherungen selbst durchgeführt, bei denen das Schiff versichert ist, denn die haben natürlich ein Interesse daran, dass die Kähne nicht unbemerkt durchrosten und womöglich absaufen.

Jedenfalls legten wir ab – und fuhren einige Kilometer weit in die falsche Richtung. Bis wir an einen »Drehplatz« kamen, denn dieser winzige Bach von einem Kanal war wirklich nur um die 10 Meter breit, »Libje« dagegen über 24 Meter lang; drehen konnten wir also nur hier. In einer teichartigen ovalen Ausbuchtung, in der das Manöver gerade eben gelang, mit vorsichtigem, geduldigem Vor und Zurück der Maschine und auch mithilfe des einige Jahre zuvor eingebauten Bugstrahlers. Endlich zeigte der Bug in die richtige Richtung, wir fuhren zurück und passierten abermals das Haus der beiden. Die kleine Spielzeugbrücke, von der aus ich das Schiff zum ersten Mal gesehen hatte, wurde für uns geöffnet, von der Breite her passten wir so eben hindurch. Es war eine eigenartige Stimmung, fast schon feierlich, denn das war klar: Hierher würde dieses Schiff wohl niemals wieder zurückkehren. Bald wurde der Kanal breiter und ich durfte das Steuer übernehmen, unter der freundlichen Anleitung des Alten. Seine Frau stand derweil stundenlang reglos vorne auf dem Vorschiff und blickte geradeaus. Als sie dann doch zu uns ins Steuerhaus kam, liefen ihr noch die Tränen über das Gesicht. Aber sie hatten sich ja entschieden zu verkaufen. »Vom Stillliegen gehen Schiffe kaputt, nicht vom Fahren«, sagte der Mann. »Und weil wir nicht mehr fahren, haben wir uns zum Verkauf entschlossen – nachdem alle unsere Kinder uns gesagt haben, dass sie kein Interesse daran haben, das Schiff zu übernehmen.« Denn die lebten mit ihren eigenen Familien schon lange an Land. Nur als Wochenendboot, dazu war dieses Schiff dann doch zu groß und zu aufwändig im Unterhalt.

Dass der Betrieb mit einigen Kosten verbunden war, sollte ich auch noch lernen, und zwar schon bald. Rost kloppen, malen, schleifen, lackieren, und dann wieder alles von vorne. Zwischendurch immer mal wieder durch den Maschinenraum kriechen. Ölen, abschmieren, checken. Und das alles war ja nur der Normalzustand, wenn also alles funktionierte und nichts kaputtging oder ausfiel. Als Erstes kaufte ich mir in Hamburg einen ordentlichen »Blaumann«. Doch dazu später mehr.

Mit dem Wohnschiff unterwegs

Der 100 PS DAF Motor der »Libje« brummelt kraftvoll unter meinen Füßen. Die Sonne glitzert hell auf den nassen, von der Ebbe freigelegten Sandbänken beiderseits des Fahrwassers. Jetzt nur nicht auflaufen! Da das Wasser weiter fällt, würden wir dann vermutlich bis zur nächsten Flut auf der Sandbank festliegen. Und wir wollen doch heute noch bis zur nächsten Ostfrieseninsel, Langeoog. Den Wattrücken, also die flachste oder auch höchste Stelle des Wattfahrwassers, haben wir schon überquert, und wenn jetzt nichts mehr schiefgeht, werden wir noch so gerade eben in den Hafen von Langeoog hineinkommen. Aber dem schmalen, gewundenen Wasserweg zu folgen erfordert Maßarbeit und enorm viel Kurbelei am großen Steuerrad. In den allzu engen Kurven touchieren wir mit unserem umherschwingenden Heck manchmal eine der Pricken, die kleinen Weidenstämme, die den Verlauf des Priels markieren. Biegen sie um, tunken sie unter. Die meisten davon kommen zum Glück aber wieder hoch, nachdem wir vorbei sind. Einen knapp 25 Meter langen ehemaligen Binnenfrachter in so engem Fahrwasser zu steuern, ist eben nicht ganz so einfach. Obwohl ich schon während der vergangenen Tage beachtliche Fortschritte dabei gemacht habe.

»Libje«, Astrid (eine gemeinsame Freundin von Anke und mir) und ich sind nach längerem Werftaufenthalt tatsächlich unterwegs. Als das Schiff in der Werft an Land stand, wurde nicht nur begutachtet und hier an und da am Unterwasserschiff ausgebessert; ich begann auch schon mit den Umbauten. Das Standrohr vom Klo ließ ich von unten dichtschweißen. Stattdessen baute ich in das provisorische Badezimmer ein Pumpklo ein, wie man es von Segelyachten her kennt. Mit einem wesentlichen Unterschied: Dieses hier hatte keinerlei Kontakt zur Außenwelt. Normalerweise werden diese Klos mit Seewasser von außen gespült und auch dorthin entleert oder aber vorübergehend in einen Schmutzwassertank, der dann auch wieder irgendwann entleert werden muss. Auf »Libje« dagegen wollte ich ein »biologisches Klärwerk« installieren, welches hierher zur Werft geliefert worden war; ebenso der neue, geschlossene Wassertank aus Plastik, der immerhin 1000 Liter fassen würde. Das »Klärwerk« bestand, vereinfacht gesagt, aus einem großen Tank, in den die Abwässer aus dem Klo befördert wurden. Darin würden dann fleißige Bakterien den Inhalt zerlegen und klären, bis tatsächlich klares Wasser nach außen abfließen konnte. Sagenhaft! Ganz ohne Strom und anfällige Technik. Man durfte nur keine aggressiven Reinigungsmittel in den Tank einleiten, die den Tierchen leicht den Garaus hätten bereiten können, musste für gute Entlüftung sorgen und ab und zu, alle paar Monate etwa, neue Bakterien hinzufügen. Tatsächlich war dieses Verfahren zum Klären der Toilettenabwässer von vielen Umwelt- und Schifffahrtsbehörden anerkannt und zugelassen und es funktionierte auch – allerdings eben nur für das Klo. Das »Grauwasser« aus Dusche, Waschbecken oder Waschmaschine durfte hier nicht eingeleitet werden, wegen der darin enthaltenen Reinigungsmittel. Wir verlegten uns also darauf, ausschließlich biologisch abbaubare Shampoos und Waschmittel zu verwenden, um das Grauwasser auch mit halbwegs reinem Gewissen nach außenbords entsorgen zu können.

Auf dieser ersten Überführung allerdings ist die ganze Badezimmerinstallation noch recht provisorisch. Das Klo wird nicht mit Wasser von außenbords, sondern vom Frischwassertank gespeist und gespült. Dieser schöne neue Tank fasst 1000 Liter und steht ein gutes Stück höher als das Klo. Der daraus resultierende Druck auf das Absperrventil des Pumpklos, das für solche Aufgaben ja nie gemacht worden ist, erweist sich als einfach zu groß – sehr oft drückt das Wasser das Ventil auf, auch ohne Pumpen, so dass das Klo dann einfach mit Wasser voll- und dann eben auch sehr bald überläuft. Bis wir das erkennen, muss erst einmal mehr als der halbe Tank durch das Klo hindurch ins Schiff laufen. Keine schöne Sache, zumal sich das Wasser in einem Plattbodenschiff wie diesem, ohne eine tiefe Bilge, an deren niedrigstem Punkt es sich versammeln könnte, eher großflächig verteilt. Und zwar unter dem schönen Holzfußboden, der zum mühseligen Entfernen des Wassers dann eben auch mal großflächig aufgehoben werden muss. Gut ist in diesem Zusammenhang allerdings, dass fast die gesamte Einrichtung, bis auf die kleine Küchenecke und einen Tisch mit zwei Stühlen, auf der Werft schon entfernt worden ist und nicht mehr in Mitleidenschaft gezogen wird …

Die kleinen Abenteuer. Auf der ersten Reise von Friesland nach Hamburg erleben wir so einige davon. Aber auch sehr viele Momente puren Glücks. Mit gemächlichen und Treibstoff sparenden fünf Knoten geht es durch die wunderbare Welt des Wattenmeeres. Wer nicht gerade im Steuerhaus am Ruder sitzt, duscht an Deck mit Eimer und Salzwasser oder liegt in der heißen Sommersonne und genießt die langsam vorbeiziehende nasse Zwitterwelt des Watts. Die Entdeckung der Langsamkeit, der Gemächlichkeit und Unaufgeregtheit. In den Kanälen Frieslands überholen uns die Fahrräder gleich dutzendweise. Sollen sie doch rasen, so schnell sie wollen, denken wir uns, Fußgänger halten fast mit uns mit und Enten und anderes Wasserviehzeug tummeln sich gemütlich ums Schiff. Ab und zu wird eine Brücke für uns geöffnet, am ersten Abend ankern wir auf einem winzigen See in vollkommener Stille und Einsamkeit unter einem märchenhaften Sternenhimmel. Zufriedenheit stellt sich schnell ein bei dieser angenehmen Art des Reisens – und das, endlich, tatsächlich, mit meinem eigenen Haus. Unserem eigenen Haus, sollte ich eigentlich sagen, denn hier an Bord wird ja sehr bald meine kleine Familie wohnen; aber noch ist Anke in einer anderen Welt, arbeitet in Berlin in der Redaktion einer Tageszeitung, unseren noch ungeborenen Sohn in ihrem täglich immer ein wenig mehr anschwellenden Bauch.

Ich habe noch nie eine besondere Beziehung zu den Niederlanden gehabt, weder positiv noch negativ. Aber darum ging es hier auch gar nicht, wenn ich merkte: Ich war, endlich, wieder zuhause! Auf einem für mich völlig neuen Schiff. Aber ich war an Bord und unterwegs. In den Kanälen, vor allem aber dann im freien, offenen Wattenmeer mit diesen schönen Horizonten und großartigen, schier endlosen Himmeln. Kein Alltag, keine Routine, kein Stillstand. Sondern: Leben. Jetzt und nicht irgendwann. »Libje« halt.

Leben bedeutet ja auch immer lernen. Auf dieser Reise muss ich lernen, mit diesem 24,5-Meter Schiff umzugehen. Zu fahren, ja, das ist natürlich kein Problem – immer schön langsam geradeaus tuckern. Aber das Anlegen im Hafen, das Drehen auf womöglich engem Raum, mit anderen Booten in der Nähe, die man natürlich nicht rammen möchte; auch das Stoppen und Warten in engen Kanälen vor Schleusen oder Brücken, ohne auf die Uferböschung zu treiben, all das will doch erst einmal gelernt sein. So bin ich ganz froh, dass wir am Abend des ersten Fahrtages durch die Kanäle auf besagtem winzigen See ankern können, ohne dass ich mir Sorgen ums An- oder Ablegen machen muss. Doch am nächsten Abend kommt es dafür gleich ganz dicke. Delfzijl heißt das Ziel dieser Tagesetappe. Ein großer Hafen, denke ich mir, da wird es ein Stück Pier geben, an der ich das Anlegen in aller Ruhe üben kann. Und dann geht es von dort hinaus auf die Ems und ins Wattenmeer, da gibt es dann sowieso jede Menge Platz …

Womit ich nicht gerechnet hatte, wovon ich nichts wusste, war die dort gerade anstehende Veranstaltung. »Delfsail«, so heißt sie. Eine Windjammerparade, Segelschiffe, Tjalken, Lastkähne und Motorschiffe aller Art; meist von beeindruckender Größe und vor allem auch in beeindruckender Stückzahl. Dazu schwirren kleine Beiboote auf dem Wasser umher und überhaupt ist der Hafen gerammelt voll, und das nicht nur auf dem Wasser. An Land schieben sich die Menschenmassen auf den Piers entlang, in freudiger Erwartung auf was-weiß-ich. Vielleicht, um mein verpatztes Manöver zu betrachten, denke ich, während mir der Schweiß auf die Stirn tritt. Langsam fahre ich in den Hafen und immer kommt irgendein Boot von rechts oder links und fährt mir vor den Bug, als wäre ich gar nicht vorhanden. Aber dann denke ich mir das Gleiche bei allem, was deutlich kleiner ist als »Libje«, und achte einfach nicht mehr auf die umhersausenden Dinghis. Was passiert? Nichts, natürlich weichen die mir aus, nur eben oft erst in letzter Sekunde. Dann erspähen wir tatsächlich ein Stück freie Pier voraus, na ja, es ist eher ein Anleger aus Holz und auch deutlich kürzer, schätze ich, als »Libje«, aber das ist mir jetzt auch egal – dann stehen wir einfach vorne oder hinten ein Stück über. Vorsichtig fahre ich heran, Astrid geht nach vorne, um die Vorleine an Land zu geben. Schön, immer schön langsam, geht doch ... es geht auch, aber für einige Menschen bin ich dann wohl doch zu langsam. Mit den Armen fuchtelnd steht einer auf dem Anleger, bereit, von Astrid die Vorleine in Empfang zu nehmen, und dann belegt er sich auch noch von ganz alleine ganz richtig, nämlich als Vorspring, in die ich dann, wieder einmal sehr sachte und vorsichtig, eindampfen und das Heck an die Pier drehen kann. Hat alles gut geklappt, denke ich gerade voller Stolz, als wir die Vor- und Achterleinen belegen, da grinst dieser Kerl mich an und meint: »Na? Noch ganz frisch unterwegs?«

Immerhin, wir liegen fest, ich habe angelegt, ohne einen Schaden oder auch nur einen Kratzer zu verursachen – das ist, wie ich in den nächsten Monaten leider merken werde, nicht so selbstverständlich –, und wir haben uns unseren abendlichen Landgang redlich verdient. Maschine aus, Steuerhaus abgeschlossen, und schon lassen wir uns an Land von der Menge mitnehmen, an Schiffen vorbei, an Musikgruppen und Straßenkünstlern und Buden und Fress-Ständen – für das Abendessen ist also gesorgt, heute bleibt die Bordküche kalt. Müde und zufrieden schlendern wir in der einsetzenden Dämmerung zum Schiff zurück. Und staunen nicht schlecht. Aufgereiht wie die Hühner auf der Stange sitzen fünf oder sechs holländische Frauen bei uns an Deck, einträchtig nebeneinander, die Füße auf der Reling, und blicken auf den Hafen und die vielen Dinge, die da immer noch passieren. Was, zum Teufel, machen die da? Sind wir denn nun auch schon eine schwimmende Parkbank?

Meine Stimmung schwankt zwischen schon fast hysterischer Heiterkeit und dumpfem Ärger darüber, dass die unser Schiff, mein Haus, so gar nicht respektieren. Was würden sie wohl sagen, ließen wir uns einfach mal bei denen im Vorgarten nieder? Das entlockt mir dann doch wieder ein Grinsen, und als wir an Bord steigen, drehen einige sich um und schauen uns aus großen, überrascht wirkenden Augen an. Sagen etwas Niederländisches, was ich natürlich nicht verstehe, und darum erwidere ich auch: »Sorry, kannnit verstaan!« Verwirrt deuten sie auf die unzweifelhaft niederländische Flagge am Heck und ich sage: »Ja, tut mir leid, ist wohl irgendein Missverständnis!« Warum wir zwei Deutsche mit diesem Schiff hier in den Niederlanden unter der Landesflagge unterwegs sind, das möchte ich an diesem Abend wirklich nicht mehr erklären. Obwohl es eigentlich eine ganz lustige Geschichte ist. Aber erst einmal reden die Frauen in mehr oder weniger deutscher Sprache auf mich ein: An Land könne man sich ja nirgends hinsetzen, von hier aus könne man so schön alles sehen, gleich komme doch das große Feuerwerk und ob sie das nicht noch von hier aus … Was soll man machen? Ich zucke die Schultern, Astrid und ich ziehen uns ins Steuerhaus zurück und entkorken dort unseren Wein. Wir betrachten fasziniert das Feuerwerk, sehen unsere Zaungäste danach an Land steigen und verschwinden und legen uns dann auch in unsere provisorischen Betten an Bord.

Die Sache mit dem Ausflaggen ist die: Bevor ich dieses Schiff kaufte, machte ich mir so meine Gedanken. Als braver Deutscher, da kennt man ja seine Pappenheimer. Fast 25 Meter, au weia, da wird es sicherlich so einiges an Vorschriften, Regelungen und Gesetzen geben, die man beachten und erfüllen muss. Um mich zu vergewissern und vor unliebsamen Überraschungen zu schützen, begann ich gründlich zu recherchieren. Ich telefonierte mit allen Behörden und allen Offiziellen, die irgendwie damit zu tun haben könnten – vom Bundesverkehrsministerium abwärts bis zu den lokalen Wasser- und Schifffahrtsämtern, den Sportbootschulen und der Wasserschutzpolizei. Es wurde eine unglaubliche Odyssee und fast wäre ich untergegangen in der Wirrnis des Themas. Ja, alle waren sich einig: 24,5 Meter, oha, ja, da gibt es bestimmt viel zu beachten. Schiffszertifikat, Ausrüstungspflicht, was nicht alles. Nur: Konkret konnte mir niemand etwas sagen. Die Bedenkenträger und Klugscheißer liefen zu Hochform auf. »Kaufen Sie doch ein Boot von unter 15 Meter Länge, das ist auch schon ganz schön groß, aber da ist die Sache klar, das ist ein einfaches Sportboot«, wurde mir gesagt. Wollte ich aber nicht. Was ich wollte, war im Grunde sehr einfach: eine verbindliche Auskunft, eine Auflistung der Dinge und Vorschriften, die ich oder mein Schiff in Deutschland zu erfüllen hätten. Doch in all den Ministerien, Dienststellen, Amtsstuben konnte oder wollte mir genau das niemand geben. Bis ich am Ende, schon ziemlich verzweifelt, beim Bundesamt für Seeschifffahrt und Hydrographie in Hamburg landete. Und dort zum ersten Mal einen empathischen, verständigen und praktisch denkenden Mann der Praxis am Telefon hatte. Nachdem ich meine Litanei heruntergebetet, ihm meinen bisherigen Leidensweg erklärt hatte, hakte er kurz nach:

»Was für ein Schiff kaufen Sie? So einen holländischen Binnenfrachter, so einen historischen, wie man sie dort so oft sieht?«

»Ja«, sagte ich, verzagt hoffnungsvoll.

»So ein schönes, altes Plattbodenschiff?«

»Ja«, sagte ich eifrig, »ja, ja!«, nun schon ganz erregt.

»Na«, meinte der freundliche Herr darauf ganz cool, »was machen Sie sich denn so viele Gedanken. Zu solch einem Schiff passt doch die niederländische Flagge sowieso viel besser!«

Ich war sprachlos. Natürlich! Ausflaggen! Alle Probleme auf einen Schlag gelöst! Dass ich da aber auch nicht selber darauf gekommen war, sondern selbst dazu einen behördlichen Ratschlag brauchte ... aber egal. Auf Nachfrage beim Makler und Schiffsnotar in Harlingen sagte der: »Natürlich. Gar kein Problem.« Das Schiff wurde also in den Niederlanden registriert, dort auf meinen Namen im Katasteramt eingetragen und nun fuhren wir unter der holländischen Flagge durch die Gegend.

Das einzige Problem ist, dass wir seitdem immer mal wieder auf Holländisch angesprochen werden. Und dass die Wasserschutzpolizei und der Zoll auf der Elbe sich auffallend intensiv für unseren wuchernden Kräutergarten interessieren, den Anke mittlerweile auf dem Achterdeck angelegt hat, direkt unter der schönen, großen holländischen Flagge.

Aber nun noch einmal zurück zur ersten Fahrt: Vorerst schipperten wir, noch ohne Kräutergarten, durch das Wattenmeer nach Osten. Langeoog, dann Wangerooge waren die Stationen, bevor wir ein Stück in die Jade einbogen, in den kleinen Hafen Horumersiel. Dort kamen mein ältester Segelfreund Axel und Anke zu uns an Bord, um das letzte Stück bis nach Hamburg mitzufahren. Im Hafen befindet sich eine Schlengelanlage für Sportboote, aber natürlich kein Platz für ein 24,5 Meter langes Schiff. Glücklicherweise war am Kopf der Steganlage alles frei, dort machten wir längsseits fest und gingen an Land, zum Hafenmeister, der wissen wollte, auf welchem Platz wir denn lägen: »Platz 50, 51 und 52«, sagte ich und freute mich diebisch über das verdutzte Gesicht ...

Einen Abend später. Unübertroffen und unvergesslich auf dieser Überführung aus Friesland bleibt jene magische Nacht, die wir trocken gefallen im Watt vor Neuwerk verbringen. Von Westen kommend, sind wir mit dem auflaufenden Hochwasser über so manchen Wattrücken gerutscht, haben aber auch die Mündungen der Jade und Weser überquert. Dann kentert die Tide, das Wasser fällt, und wir fahren einfach so lange weiter, bis wir sanft, aber unmissverständlich auflaufen: Für die nächsten Stunden ist Schluss. Das Wasser läuft nun rasch ab, bis um uns herum nur noch Sand und Schlick zu sehen ist. Beim abendlichen Niedrigwasser wandern wir über die Sände, auf denen unser holländisches Plattbodenschiff sicher und aufrecht wie ein Kirchturm steht. Die glühende Abendsonne färbt den nassen Sand blutrot, während am Horizont Containerriesen wie schwarze Scherenschnitte wirken und im Fahrwasser der Elbe stromauf gleiten. Über all dem blinkt das Leuchtfeuer von Neuwerk und noch lange stehen wir schweigend dort, wo in wenigen Stunden wieder Wasser sein wird, und betrachten unser Schiffshaus in dieser einzigartigen Umgebung.

Früh, sehr früh am nächsten Morgen, es ist noch nicht ganz hell, es weht und ist ungemütlich, schwappt das Wasser gegen das Schiff, dann rumpelt es ein paar Mal und schließlich schwimmen wir wieder. Müde und fröstelnd drehe ich meine übliche Runde durch den Maschinenraum – Ölstand prüfen, Stopfbuchse schmieren, Tagestank voll Diesel pumpen –, werfe die Maschine an und wecke Axel. Gemeinsam holen wir den schweren Anker mit der großen Handwinde auf dem Vorschiff hoch, dann drehe ich den Bug auf das Fahrwasser der Elbe zu und fahre los. Die Flut läuft schon eine ganze Weile und wir müssen mit dem auflaufenden Wasser noch möglichst weit an

Cuxhaven vorbei und so weit es geht in die Elbe hineinkommen, bevor die Tide wieder kentert und wir den Ebbstrom gegenan haben.

Später, in Hamburg, beginnt der Umbau dann richtig. Es ist schon spät im Sommer, aber es ist auch ein schöner, milder Altweibersommer, so können wir noch viel malen, innen vor allem. Eine Zentralheizung muss auch noch eingebaut werden, das passiert in einem winzigen Nest mit dem schönen Namen Freiburg an der Elbe. Es ist eine Tagestour von Hamburg aus dorthin, diesmal fahre ich »Libje« schon alleine. Und wie immer auf der Elbe richtet sich alles nach dem Tidenkalender: bei Hochwasser los, mit der Ebbe flussab. So weit ist es einfach. Aber dann das Problem: Freiburg liegt am Ende eines verschlickten Nebenarmes der Elbe, den kann ich wiederum nur mit der auflaufenden Flut befahren. Also ankere ich einige Stunden hinter der Rhinplate, einer Elbinsel vor Glückstadt, um das Niedrigwasser und dann die frische Flut abzuwarten. Ruhig strömt das Wasser vorbei, nur ein paar Vögel fiepsen, die Stimmung ist sehr entspannt. Bis ich losfahren möchte und den Anker lichten muss. Verflixt – daran hatte ich nicht gedacht, als ich alleine losgefahren bin. Das schwere Ding, nur mit der Handankerwinsch. Fast bricht es mir den Rücken entzwei und als ich endlich wieder losfahren kann, hänge ich nach Luft japsend über dem Steuerrad. Komme dann aber problemlos in das enge Loch bei Freiburg hinein und kann sogar völlig entspannt an der Pier in dem kleinen Hafen festmachen.

Warum überhaupt Freiburg? Hier sitzt ein Sanitärausstatter, der sich auch darauf spezialisiert hat, Fischkutter und Fähren mit Heizungen auszurüsten. Der Chef persönlich kümmert sich um den Heizungseinbau auf »Libje«, denn er ist selbst langjähriger Elbsegler und von dem Schiff durchaus angetan. Aber der Auftrag ist ja auch kein kleiner: Einen modernen Heizkessel, wie man ihn auch aus dem Einfamilienhaus kennt, im Vorschiff installieren, anschließen, einen Temperaturfühler außen anbringen für den automatischen Thermostat, die Warmwasserversorgung in das Badezimmer verlegen, Heizkörper an Bord montieren und ebenfalls an das Heißwasser anschließen. Als das vollbracht ist, können der Herbst und der Winter ruhig kommen. Warm war es seitdem an Bord immer.

Alles andere kommt so peu à peu. Navigationslichter anbauen. Eine hölzerne Terrasse über der Ladeluke, gezimmert von Harry, einem Freund aus Hamburg, der uns beim Umbauen von »Libje« überhaupt sehr viel half. So wird es, schneller als insgeheim befürchtet, zu unserem wohnlichen Traumhausschiff. Und am 25. September, einen Tag vor meinem eigenen Geburtstag, wird unser Sohn Ole Anton geboren – im Geburtshaus in Ottensen, doch schon zwei oder drei Stunden nach der Geburt sind Mutter und Sohn und ich glücklich an Bord von »Libje«, eine kleine junge Familie auf einem großen alten Wohnschiff.

So war das damals. Ein großes Glück, das aber leider nicht sehr lange währte. Welch unglaubliche, ungekannte neuen Gefühle dem kleinen Baby gegenüber, immerhin mein erstes Kind. Meine Eltern lebten damals auch noch, nicht weit entfernt übrigens, und sie kamen gerne zum Hafen, unterstützten uns nicht nur in Bezug auf das Baby, sondern auch in allen Dingen, die mit dem An-Bord-Wohnen zu tun hatten – ich hatte, ohne es zu wissen, einen ihrer eigenen Träume realisiert. Gut, bei meinen Eltern war der Traum des An-Bord-Wohnens nicht so übermächtig gewesen wie bei mir selbst. Das mag mit den Zeiten zusammenhängen – beide hatten den Zweiten Weltkrieg mit jeweils ihrem persönlichen Anteil an schrecklichen Ereignissen erlebt, in beiden Familien gab es Tote und Kriegsversehrte sowie Not und Hunger und Entbehrung gegen Ende und nach dem Ende des Krieges sowieso. Bei meinen Eltern gab es auch ein ganz persönliches Wirtschaftswunder, denn nach vielen mageren Jahren wurde mein Vater, ein Schiffbauingenieur, nach London zu den Vereinten Nationen berufen, zur IMO, der Schifffahrtsorganisation der UN. Er genoss dort diplomatischen Status inklusive Reise- und Steuerfreiheit (es war noch vor den Jahren der EU) und dazu das entsprechende Einkommen, welches mit seiner Karriere rasch wuchs. Deswegen verbrachte auch ich einen Teil meiner Kindheit in London. Aber bei solch einem Lebenslauf ist es vielleicht nicht ganz so entscheidend, ob man nun auf einem Schiff lebt. Mein Opa mütterlicherseits segelte auch ganz gerne, war romantisch und freundlich und hatte sogar gleich beide Weltkriege am eigenen Leib miterleben müssen. Es kostete ihn all seine Kraft und unendliche Mühe, seine Familie durchzubringen. Zu mehr als einer alten Holzjolle, zwischen den Kriegen, hatte es da nun wirklich nicht gereicht, aber als ich auf der »Libje« lebte, sagte meine Mutter mir einmal, dass er davon gesprochen habe: Wie gemütlich und romantisch es doch sein müsse, auf einem Kümo, einem Küstenmotorschiff, zu leben. Und genau das tat ich nun und fand es auch genau so: gemütlich und romantisch.

Schiffsmenschen und Landmenschen
≈ ≈

Während des letzten Winters, bevor ich mit der Arbeit an diesem Buch beginne, lebe ich in Flensburg an Bord meines Segelbootes »Madonna«. Einem ganz normalen Plastikboot. Für meinen Geschmack ganz hübsch, vor allem aber schnell und sehr gut segelnd und auch sehr wohnlich eingerichtet. Für mich alleine ist es genau das richtige Boot, zum Segeln wie zum Wohnen, nur dass ich mittlerweile Vater dreier Kinder bin, die manchmal zu Besuch kommen. Wenn sie alle drei an Bord sind, wird es, zumal bei Schneeschauern oder Regenwetter, eng. Die »Enterprise«, auf der ich früher jahrelang unterwegs war, ist noch einen Meter kürzer. Aber da waren wir nur zu zweit an Bord, hatten vielleicht ab und zu mal Freunde für eine oder zwei Wochen zu Besuch, und vor allem: Wir waren meist unterwegs. Und das, von einem langen Winter in London abgesehen, im Süden. Ich hingegen liege nun fest in Flensburg, von wenigen kurzen, wenn auch meist sehr schönen Törns in die dänischen Inseln einmal abgesehen. Meine drei mehr oder weniger kleinen Anker halten mich hier fest. Nun, da ihre Mutter und ich geschieden sind, noch sehr viel mehr als vorher. Gemeinsame Segelreisen, längere Projekte, die man gemeinsam hätte planen können, all das fällt nun ganz und gar aus: Die Südsee muss warten.

Also Flensburg. An sich eine wunderschöne kleine Stadt, vor

allem eine alte Seefahrerstadt mit einem Hafen im Stadtzentrum und lebendiger maritimer Tradition. Hier kann man schon leben, vor allem wenn man es an Bord eines Bootes im Hafen tut.

Schade nur, dass sich selbst hier zu wiederholen scheint, was ich schon in London und Hamburg erlebt habe – Landmenschen, die zwar gerne am Hafen wohnen, aber keine Schiffe vor ihren Fenstern dulden wollen. Die sich doch tatsächlich von Schiffen im Hafen gestört fühlen oder die offenbar zumindest selbst bestimmen möchten, welches Schiff, als Dekoration, vor ihrem Fenster festmachen darf und welches nicht. Wie kann das angehen? Was habe ich da nicht verstanden? Wenn ich mir eine Wohnung an einem Hafen kaufe, und mag sie auch noch so unverschämt überteuert sein, dann muss ich doch damit rechnen, dass da unten im Hafen, vor meinen Fenstern, Schiffe liegen? Auf denen Leben herrscht, die sich bewegen, die an- und ablegen, die auch mal gemalt werden und vielleicht repariert, wo also das ganz normale Leben stattfindet, das nun mal einen Hafen ausmacht. Oder nicht?

In London gab es auf der Themse, wie schon weiter vorn erwähnt, einmal ein schönes, schwimmendes Dorf. Nicht ganz ein Dutzend hübscher, historischer Wohnschiffe, sogar mir zwei oder drei Schuten im Ensemble, die zu Gemeinschaftsgärten und Fahrradparkplätzen umfunktioniert waren. Familien wohnten hier, wie schon vor hundert Jahren, auf dem Fluss. Allerdings waren dies keine Flussschiffer mehr, sondern ganz normale Angestellte, auch einige Künstler und Filmleute darunter. Kinder spielten auf den Schiffen, Wäsche flatterte im Wind. Jedenfalls beschwerten sich die Bewohner der teuren Hafenspeicher über das bunte Treiben dort bei ihrem lokalen »Council«, unterstützt vermutlich durch Immobilienentwickler, die noch so einige leerstehende Schuppen zu Goldminen verwandeln wollten, und nach einem heftigen, monatelangen Streit mussten die Schiffe weichen. Wohin, interessierte niemanden. Dass damit die eine oder andere Familie quasi obdachlos gemacht wurde, ebenfalls nicht.

Diese Geschichte erlebte ich am Rande, denn das eingangs beschriebene Schiff »Stormvogel« war damals Teil eben jenes schwimmenden Dorfes. Einige Schiffseigner taten sich zusammen und brachten die Sache zu einem guten Ende, indem sie, nach langen und zähen Verhandlungen mit der Stadt und den Banken, jenen nicht mehr genutzten Anleger etwas weiter flussab auf der anderen Seite kauften, mit der ausdrücklichen Erlaubnis, dort Schiffe zu Wohnzwecken festzumachen. Das Hinterland: Supermärkte, Parkplätze, kommunale Flächen – keine luxuriösen Designerwohnungen mit Hafen- und Flussblick jedenfalls.

Jahre später erlebte ich Ähnliches in Hamburg. Unser Klipper »Pippilotta«, 25 Meter plus Klüverbaum, lag im neu eingerichteten Traditionsschiffshafen, mitten in der modernen und mondänen HafenCity, unterhalb von dort, wo heute die Elbphilharmonie steht. Die Gegend war damals noch eine Dauerbaustelle. Die Wohnungen ringsum waren jedoch schon bewohnt und, Leute, ich kann euch sagen: Teure, sehr teure Wohnungen und alte Schiffe davor, das passt einfach nicht zusammen, weder in London noch in Hamburg noch vermutlich sonst irgendwo. Es prallen einfach zu unterschiedliche Welten aufeinander. Auf der einen Seite die Schiffe und deren Crews und Eigner. Für die ist es, wenn sie in einem Hafen, einem »Traditionsschiffhafen« obendrein, liegen, völlig normal, dass am Schiff gearbeitet wird.

Alte, museale Schiffe benötigen viel Liebe und Pflege, auch damit sie für die vielen Touristen, die diesen von der Stadt offiziell so genannten »Traditionsschiffhafen« besuchen, schön ansehnlich und hübsch und keine rostigen Wracks sind. Maschinen und Generatoren müssen laufen, Rost muss geklopft, Farbe muss gemalt werden, was auch immer. Und auf der anderen Seite sind da die Menschen in ihren Wohnkästen aus Beton und Glas, die Unsummen für ihre Vogelhäuschen am Hafen bezahlt haben. Und die offensichtlich überhaupt keine Vorstellung davon haben, was ein Hafen ist. Was ein bisschen blöd ist, wenn man sich für so viel Geld ausgerechnet hier ein Apartment kauft. Es ist mühsam und es war damals, als meine »Pippilotta« dort lag, mühsam, weil von den Bewohnern der umliegenden Hochhäuser immer mal wieder Störfeuer kam, was den Betrieb und die Pflege der Traditionsschiffe betraf. Dabei wäre es doch ganz einfach, würde man das Ganze mit gesundem Menschenverstand betrachten. Würden mich die alten Schiffe stören, würde ich mir doch nicht ausgerechnet hier eine Wohnung kaufen, oder? Diese Chuzpe, dieses völlig verdrehte Selbstverständnis muss man erstmal haben. Oder ist es am Ende vielleicht gar der Neid? Aus den bodentiefen Fenstern ihrer Wohnbunker heraus blicken sie auf das wahre Leben auf dem Wasser. Als Zaungäste. Arme Millionäre.

Nun also, zehn Jahre später, Flensburg. Eines der Wahrzeichen der Stadt ist, immerhin, der Salondampfer »Alexandra«, noch ein wirklicher Dampfer aus dem vorletzten Jahrhundert mit einer echten Dampfmaschine. Es gibt einen großen Museumshafen und einen Holzbootssteg und, gegenüber, gleich zwei Yachthäfen, wo rund ums Jahr viele Yachten im Wasser liegen.

Wunderbar! Und dann? Wird am Ostufer gebaut. Moderne, sehr teure Wohnungen. Und dann? Ziehen dort Menschen ein, die – ach, ihr ahnt es schon. Und es sind nicht nur die Schiffe, die dort plötzlich stören, oder zumindest gewisse alte, historische Schiffe, auf denen gearbeitet wird. Nein, es wird noch lustiger.

Es war die wunderschöne Weihnachtszeit. Ich wohnte, wie gesagt, auf meinem Segelboot »Madonna«. Es weihnachtete so sehr, dass uns ganz warm um die Herzen wurde, meinen Kindern und mir. Und so wollten wir, da wir uns so über die Vorweihnachtszeit freuten, unseren Teil zur festlichen Stimmung beitragen. Im Baumarkt fanden wir sie: eine wunderbare bunte, blinkende Lichterkette, für den Außengebrauch und auch von der Länge her wie gemacht, um sie in unserem Mast zu hissen. Das Beste war, dass sie mich an sehr weit zurückliegende Weihnachten in der Karibik erinnerte und an meine noch weiter zurückliegende Kindheit in England – hier wie dort ist Weihnachten ein fröhliches Fest, eine große Party sozusagen, weniger salbungsvoll und ernst, wie das manche hierzulande zelebrieren. Und dann kam es. Eine Person aus den besagten Luxuswohnungen fühlte sich durch unsere fröhlich bunt blinkende Lichterkette irritiert, ja: gestört. Das musste uns der Hafenmeister ausrichten und ich denke, ihm war dabei auch etwas merkwürdig zumute. Da ich ein friedlicher Mensch bin, schaltete ich die Lichterkette auf Dauerbetrieb, ohne Blinken, was meine Kinder so gar nicht verstehen konnten – wieso konnte sich jemand davon gestört fühlen? Leider konnte ich ihnen das auch nicht erklären.

Wobei ich für ›mein Flensburg‹ jetzt auch mal etwas geraderücken muss. Die alten Schiffe liegen hier noch, wurden nicht verdrängt. Vielleicht ein paar Meter weiter an der Pier, aber immerhin. Der Hafen ist wichtig und die Schiffe darin sind es auch. Wie wunderbar, dass die entsprechenden und maßgeblichen Menschen das erkannt haben. Auch darum liebe ich diese Stadt und so viele ihrer Bewohner. Aber einige davon machen mich eben auch hier zornig. Es ist mit mir, wie schon der literarische Comic-Held Corto Maltese, der Kapitän ohne Schiff, sinngemäß, über sich sagte: »Ich liebe mein instabiles Gleichgewicht, zwischen Weisheit und Wahnsinn, Gelassenheit und Wut, weil es mich so verdammt richtig macht!«

Nein, schöner als auf dem Wasser kann man nicht wohnen. Selbst in diesem norddeutschen Winter in Flensburg nicht. Noch an einem der Adventswochenenden waren die Kinder und ich bei milden Temperaturen und strahlendem Sonnenschein gesegelt, zur Hot Dog-Bude am dänischen Ufer bei den Ochseninseln und wieder zurück. Dann war das Wetter umgeschlagen und wir hatten das Boot am Steg auf Weihnachten dekoriert. Es gab einen Bonsai-Tannenbaum für den Salontisch und die schon erwähnte Lichterkette für den Mast. Punsch mit den Liveaboard-Stegnachbarn sowieso, und das weihnachtliche Geschenkpapier mit den Elchen flog im Sommer noch an Bord herum. Ein paar Tage lang gab es sogar Eis im Hafen, mit ganz wunderhübschen Eiszapfen am Heck der »Madonna«. Die Diesel-Warmluftheizung lief in diesen Wochen fast durchgehend und so war es unter Deck auch meist ziemlich kuschlig warm, wenn auch etwas fußkalt. Aber dagegen helfen gemütliche Filzpantoffeln oder dicke Socken. Kondensat bildete sich an den Fenstern und Luken, da muss man eben ein-, zweimal am Tag das Wasser abwischen und ansonsten auch immer mal gut durchlüften. Achtgeben muss man auf die Schränke und die

Klamotten – dort regelmäßig auslüften und die Schränke selbst, falls feucht oder muffig, auswischen. Hier schimmelt es sonst schon mal gerne und leider sind die Schränke auf der »Madonna« wie auf fast allen Serienbooten nicht weiter isoliert, sondern direkt an die Schiffsaußenwand gebaut. Für den normalen Wochenend- und Urlaubsgebrauch im Sommer mag das noch gerade so gehen, aber für den durchgängigen Betrieb rund ums Jahr nicht. Dafür ist zumindest auf der »Madonna«, das ist ja feine schwedische Bootsbauart, sonst jede Fläche mit Holz verkleidet – nirgends ist innen der nackte Kunststoff zu sehen, auch nicht im Vorschiff oder in der Achterkabine. Das ist natürlich vor allem im Winter sehr hilfreich, denn sonst können Matratzen oder Bettwäsche, wo sie an die kalte Außenwand stoßen, feucht werden und schimmeln. Auf manchen Schiffen ist es deswegen nötig, solche Bereiche nachträglich zu isolieren – was aber nicht das größte Problem ist, wenn man wasserfeste, geschlossenporige Schaumplatten findet, die biegsam sind und sich an die Bordwand kleben lassen. Wenn man es schön haben möchte, kann man sie dann noch mit dünnen Holzleisten verkleiden und malen oder lackieren.

Als »Backup« zur Warmluftheizung hatte ich einen kleinen elektrischen Heizlüfter und einen ziemlich leistungsfähigen Petroleumofen an Bord. Der konnte das Schiff selbst bei Außentemperaturen im Minusbereich binnen Kürze in eine Sauna verwandeln, hat aber leider schlechte Luft gemacht und dabei nicht nur viel Sauerstoff verbraucht (Lüften ist hier im Wortsinn überlebenswichtig), sondern einen ziemlich markanten Petroleumgeruch verbreitet, den nicht jeder als angenehm empfindet. Ich jedenfalls bekomme Kopfschmerzen davon, was sehr schade ist, denn diese Art zu heizen funktioniert ohne Landstrom. Besonders nützlich also immer dann, wenn man im Winter oder Frühjahr oder Herbst unterwegs ist und vielleicht irgendwo ankern möchte.

Ich segele fast schon am liebsten im Winter. Im Sommer ist mir die Flensburger Förde einfach zu voll, an so manch einem schönen Sommersonntag tummeln sich hier so viele Boote, dass man höllisch aufpassen muss, um niemanden zu übersehen. Im Winter dagegen habe ich die Förde für mich, teile sie mir allenfalls mit allerlei Wasservögeln und anderem Getier, das wohl auch für die himmlische Ruhe dankbar ist. Ich kann in jeden Hafen hineinsegeln, weil ich allen Platz der Welt habe, ich muss selbst in Sønderborg (das ich im Sommer meide wie das Finanzamt) nicht im Päckchen an der Pier liegen und die Stimmung auf dem Wasser ist schlicht wunderbar. Dick einpacken, warme Klamotten mit Skiunterwäsche, Handschuhen, Mütze, und schon geht es. Unter Deck steht im Idealfall der Kessel mit heißem Grog auf dem Herd, und ich muss ja auch nicht zwölf Stunden am Stück segeln. Wenn es nachmittags um vier dunkel wird, laufe ich gerne irgendwo ein und freue mich über einen gelungenen Segeltag, auch wenn es nur zwei, drei oder vier Stunden waren. Vor allem in diesem schönen Revier der Förde, wo man alle Naslang in schönster Umgebung ankern oder anlegen kann.

»Pippilotta« schlägt zu ...

»In zwanzig Jahren wirst du die Dinge bereuen, die du nicht getan hast, und nicht diejenigen, die du getan hast. Also wirf die Leinen los. Verlasse den sicheren Hafen. Spüre den Passat in deinen Segeln. Wage es. Träume und entdecke.« Das sagte einst Mark Twain. Leicht daher gesagt ist es, und toll klingt es auch noch. Mit Sicherheit hat er nie ein altes, großes Segelschiff gehabt. Eines, das dein ganzes Leben beherrscht, das alles Denken und Streben lenkt und das sämtliche Energie und das bisschen Geld, das du mühsam zusammenkratzt, aufsaugt wie ein schwarzes Loch im Weltall die Sonnen. Bei meinen Freunden Kicki und Thies Matzen, die seit Jahrzehnten auf einem kleinen Holzboot in aller Welt und bevorzugt in den hohen südlichen Breiten unterwegs sind, steht über dem Niedergang dies: »Grab a chance, and you won't be sorry for a might-have-been!«

Das trifft es für mich viel besser als Mark Twain. Frei übersetzt also: Packe deine Chance, dann wirst du dich nicht über ein Was-wäre-wenn-gewesen ärgern. So verhält es sich auch mit dem Klipper »Pippilotta«, den ich wie »Libje« in Friesland gekauft habe. Eigentlich, rückblickend, hätte ich es nicht tun sollen. Aber dann würde ich mich bis heute fragen, wie es wohl wäre, auf solch einem großen Segelschiff zu leben. Und ich würde nicht zur Ruhe kommen, bis ich es eben doch ausprobiert hätte.

Es begann an einem verhängnisvollen Tag in meinem Büro, als ich, statt zu arbeiten, wie so oft im Internet segelte und dabei auf die Verkaufsanzeige des Klippers stieß, der ein gutes halbes Jahr später mir gehören, »Pippilotta« heißen und meiner Familie ein schwimmendes Heim sein würde. Und mir in all seiner Heimtücke die ersten grauen Haare bescheren würde, aber das ahnte ich damals noch nicht. Wir – Anke, unser Sohn Ole und ich – lebten ja schon ganz gut auf unserem ehemaligen Frachter namens »Libje«, dem urgemütlichen Motorkahn ohne Masten und Segel. Ole war schon fast vier Jahre alt. Und ein neues Baby kündigte sich an. Wir brauchten mehr Platz, dachten wir. Und endlich wieder ein Segelschiff, dachte ich. Masten und Segel! Takelage, Tauwerk und Blöcke! Das liefert mir neue Ideen und Inspirationen. Letzteres bringt so ein altes Segelschiff fast immer hervor, aus den untersten Tiefen fördert es die Träume und Sehnsüchte zutage. Fatal ist das.

So auch hier. Plötzlich blühten die Ideen für lange Reisen auf einem ungewöhnlichen Schiff, Ideen auch von Buchprojekten, Filmen, Artikelserien. Wie ein Aufatmen, eine frische Brise packte es mich. Wattenmeer, London, St. Petersburg: Wir kommen! Ich studierte die Seekarten, erste Hürden tauchten auf: Der Göta-Kanal – etwa zu klein (der Kanal, nicht das Schiff)? Ich sehe in der Verkaufsanzeige nach. Die Masthöhe des Schiffes beträgt zirka 21 Meter, die maximale Durchfahrtshöhe für den Kanal ist mit 22 Meter angegeben. Passt!

Weniger passend war die finanzielle Komponente. Für das gleiche Geld hätten wir uns auch ein Haus kaufen können.

Dennoch, dieser alte Klipper sollte, musste es sein. Er hatte einen wunderschönen Rumpf mit elegant gerundetem Heck, einen sehr ausgeprägten und harmonischen Decksprung und eben den klassischen Klipperbug, der dem Schiff etwas Verwegenes und Abenteuerliches verlieh. Ich grübelte und rechnete ganze Abende lang, welche Geldtöpfe ich anzapfen könnte, welche Sparschweine schlachten, was verkaufen, wie viel leihen. »Beg, steal and borrow« war das Motto, wenn ich die Vision, die ich endlich wieder hatte, auch realisieren wollte! Die Kehrseite: In langen, schlaflosen Nächten kamen die Zweifel. All diese Technik, die Maschine, der Rost. Könnte ich so ein Schiff überhaupt segeln und im Hafen manövrieren, ohne dabei kleine Boote zu versenken? Ich zwang mich zur Ruhe. Cool bleiben, alles geht, man muss es nur dringend genug wollen, das habe ich schließlich schon immer gepredigt.

Zuerst aber musste ich vor allem die »Libje« verkaufen. Schicksal! Das ging entgegen sämtlichen Erwartungen fast wie von alleine. Im Internet stieß ich ausgerechnet auf einen Schotten, der ein Schiff suchte. Dieser Schotte war der lebende Beweis, dass die meisten Sprichwörter auf Lügen und Legenden gebaut sind: Geizig war er jedenfalls nicht. Im Internet war unser Motorschiff beschrieben. Ich mailte ihm Bilder und weitere Details, und er schickte sofort einen Bekannten zu uns. Jens hieß der, mein reziproker Namensvetter sozusagen. Ein Kriminalbeamter, aber nett. Dieser Jens hatte gerade vorher im »Shorehouse« auf der wunderschönen schottischen Insel Mull Urlaub gemacht, in dem »Bed & Breakfast«, das der Schotte Ian und seine Frau nun verkauften, um sich ein Schiff wie unseres zuzulegen und als schwimmendes B&B in der Bretagne einzusetzen. Im Urlaub im »Shorehouse« hatte Jens Ian angeboten, falls er zufällig ein Schiff in Deutschland finden würde, es sich vorab für ihn anzusehen. Und dann kam wenige Tage später unsere »Libje« in Hamburg auf den Plan und Jens also bei uns vorbei. Er erzählte vom Segeln, von seinen Kumpels. Über einen von ihnen hatte ich vor Jahren sogar mal eine kleine Geschichte geschrieben. Jens war begeistert von unserem Schiff und von so vielen Zufällen – gemeinsamer Name, gemeinsame Bekannte, gute Stimmung, er würde am liebsten auch so etwas machen, aber: das liebe Geld. Und dann noch eine Frau, die nichts mit Wasser am Hut hat. Immerhin hatte er schon mal als Trainee auf dem Vollschiff »Christian Radich« einen Orkan in der Nordsee abgewettert und dabei sogar eine Stunde lang am Ruder gestanden.

Ob ich dagegen wohl jemals ein Segel auf dem neuen Schiff hochkriegen würde? Oder ob ich Büroweichei vielmehr japsend an Deck zusammenbräche, noch bevor der Lappen halb oben war? Jedenfalls braucht man dann kein Fitness-Studio mehr. Und immerhin war dieses Schiff zwar schon 100 Jahre alt, aber aus Eisen. Da darf man selber schon ein Holzkopf sein: »Als die Schiffe noch aus Holz und die Männer aus Eisen waren ...« heißt es unter alten Fahrensleuten. In diesem Fall war es umgekehrt.

Meine Zweifel verschwanden immer sofort, wenn ich mir das Schiff unter vollen Segeln vorstellte, wenn ich mir die Karte vom Göta-Kanal oder von der östlichen Ostsee vornahm oder mir ausmalte, wie wunderschön das Wattenmeer im Dezember wäre. Immer weiter, einen Schritt weiter in der eigenen Entwicklung! Die »Pippilotta« war schon eine große Herausforderung und das in jeder nur denkbaren Hinsicht, aber sonst ginge es ja gar nicht weiter; man will sich ja entwickeln, sich auf der Leiter der persönlichen Evolution ein paar Sprossen hinaufhangeln. »Ruhe ist Stagnation und Aktivität Verrücktheit!«, heißt es sinngemäß bei Epikur. Da ist Verrücktheit allemal die bessere

Wahl! Von Zeit zu Zeit braucht man doch ein Abenteuer. Aber gerade jetzt? Wo doch das zweite Kind unterwegs war? Eher nicht, aber mit den Abenteuern ist es ganz genauso wie mit dem Kinderkriegen: So richtig passt es nie. Aber dann geht es eben doch und wird (hoffentlich) wunderbar.

Die Dinge nahmen also ihren Lauf. Ian kam, sah und kaufte. Unser Schiff. Wenn da nur nicht diese Geschichte mit den Schafen auf der Insel Mull gewesen wäre. Aber davon ahnte ich zu diesem Zeitpunkt noch nichts. Anfangs sah es nämlich noch alles ganz einfach aus. Gutachten für beide Schiffe anfertigen lassen, eventuelle Reparaturen in Auftrag geben, die Übergabetermine koordinieren und die Überführungen der Schiffe planen, eines von Friesland nach Hamburg und das andere von Hamburg nach Harlingen, wo Ian unsere »Libje« zum kleinsten Hotelschiff der Welt umbauen lassen wollte. Wir hatten Oktober. Weihnachten, so dachten wir, würden wir schon auf unserem neuen Schiff in Hamburg feiern.

Aber dann ging alles schief. Das Gutachten unseres neuen Schiffes war kaum weniger als ein Todesurteil. Wir stiegen in den Ring und begannen unsere lang anhaltenden Diskussionen und Streitereien mit den Verkäufern, die von all den Mängeln und Macken und Defekten angeblich nichts geahnt haben wollten. Immer wieder wurde repariert, wurde der Preis neu verhandelt. Wir ließen nicht ein Gutachten erstellen, nicht zwei oder drei, sondern ganz, ganz viele.

Das alles zog sich in die Länge, ebenso wie der Verkauf des »Shorehouse« auf der fernen Insel Mull. Das tangierte uns insofern, als Ian unser altes Schiff nicht würde bezahlen können, bevor dieser Hauskauf nicht abgewickelt war. Womit wir wiederum unser neues Schiff nicht würden bezahlen können. Der

Hauskauf verzögerte sich um Monate, und zwar wegen der Schafe auf der Insel Mull.

Es dauerte lange, bis ich begriffen hatte, wie das eine vom anderen abhing. Als Ian unser Schiff kaufte, war sein Hausverkauf so gut wie gelaufen – das dachte er zumindest. Immerhin hatte er zu dem Zeitpunkt schon einen von einer Käuferin unterschriebenen Vertrag in der Tasche. Womit er aber nicht gerechnet hatte, war ein Gesetz aus dem frühen Mittelalter, das in dieser Form wohl nur auf den Inseln der Westküste Schottlands bis heute überlebt hat. Es ist ein sehr soziales Gesetz, denn es gestattet jedem Inselbewohner, dass er seine Schafe überall auf seiner Heimatinsel grasen lassen darf. Auch im Garten jedes anderen Inselbewohners, in dessen Gemüsebeeten und Rosengärten, wo auch immer. Ian hatte sich um dieses obskure Gesetz niemals gescheert, solange er das »Shorehouse« auf der Insel Mull hatte, aber offenbar waren auch keine Schafe zum Fressen in seinen Garten gekommen. Beim Verkauf des Hauses an eine wohlhabende Dame vom britischen Festland jedoch meinte der Inselnotar, der guten Ordnung halber auf die geltende Rechtslage hinweisen zu müssen. Damit hatte er einen Torpedo abgefeuert, der um ein Haar das ganze fragile Kartenhaus unserer Schiffstransaktionen zum Einsturz gebracht hätte.

Die Dame, ganz offensichtlich Städterin und vom eher robusten Landleben gänzlich unbeleckt, weigerte sich. Sie wolle unter keinen Umständen fremde Schafe in ihrem Garten dulden. Kein Problem, sagte der Notar, man müsse lediglich alle Schafsbesitzer auf der Insel einzeln anschreiben und darum bitten, dass diese den Verzicht auf die Nutzung der Weidegründe des »Shorehouse«-Gartens durch ihre Schafe schriftlich erklärten, schon sei das Problem aus der Welt. Eine reine Formsache, im Handumdrehen erledigt. Doch leider ticken die Uhren auf fernen schottischen Inseln gänzlich anders als bei uns im hektischen Mitteleuropa. Ian deutete es mir gegenüber an: Wenn dort eine Sache »im Nu« erledigt sei, so könne es sich über Monate hinziehen. Und so kam es denn auch. Klar war nur, dass kein Geld fließen würde, nicht an Ian und daher auch nicht an uns, solange nicht auch der letzte Schafskopf auf der Insel Mull diese notarielle Einwilligung zum Weideverzicht gegeben hatte. Und das dauerte. Einer war im Urlaub, ein anderer vorübergehend nach Australien gezogen, ein dritter antwortete grundsätzlich nicht auf Briefe.

Vor allem dieser letzte Schafs-Clown machte uns Probleme. Denn ohne seine Einwilligung würde nichts laufen, auch die Schiffsverkäufe nicht. Der holländische Makler, der den Verkauf unserer künftigen »Pippilotta« regelte, hatte einen echt niederländischen Vertrag aufgesetzt, den ich Schafskopf, um beim Thema zu bleiben, unterschrieben hatte. Wer mit den Holländern Geschäfte macht – das hatte sich leider zwar schon überall an der Küste, aber noch nicht bis zu mir herumgesprochen –, muss sich verdammt warm anziehen. Es wird ihm nämlich alsbald ein eisiger Wind entgegenwehen. Auf Kulanz muss man dann nicht mehr hoffen, ein sehr guter Anwalt auf der eigenen Seite ist in jedem Fall ein Vorteil. Denn im Kaufvertrag war natürlich auch die Bezahlung minutiös genau geregelt, mit exakten Daten, wann das Geld zu fließen habe. Mit ebenso exakten Zinsangaben für den Fall, dass es nicht pünktlich auf dem Notarkonto landen würde.

Ganz sicher würden die niederländischen Käseköpfe keinerlei Verständnis für die schottischen Schafsköpfe aufbringen. Sie würden mich schlicht und einfach und eiskalt lächelnd Zins und Zinseszins mit allen dazugehörigen Bank- und Notargebühren zahlen lassen, solange der Kaufpreis, aus welchen Gründen auch immer, nicht pünktlich floss. Dagobert Duck, da bin ich mir seither ganz sicher, muss ein Holländer gewesen sein.

So gesehen war der erbärmliche Zustand des Klippers ein versteckter Segen. Denn dadurch verzögerte sich nun doch der gesamte Zeitplan. Genau für diesen Fall, dass während des Kaufes Mängel aufträten, war nämlich im Vertrag entsprechender Aufschub vorgesehen. Solange wir also diskutierten, stritten, Gutachter bemühten und schließlich sogar auch Anwälte, so lange wenigstens hielt der seidene Faden noch, an dem das Schwert der nicht zahlenden Schotten über meinem Kopf baumelte. Ein nervenaufreibendes Jonglieren, das mehrere Wochen anhielt. Viel Schlaf bekam ich damals nicht. Einerseits wollte ich mich endlich mit den Holländern einigen, andererseits musste ich mir dann auch sicher sein, dass ich würde zahlen können. Der Ton zwischen den Verkäufern und mir hatte sich mittlerweile derart verschärft, dass auf freundliches Entgegenkommen wahrlich nicht mehr zu hoffen war. Ein Fehler meinerseits, dieses ungute Gefühl hatte ich jedenfalls, und sie würden sich vor Vergnügen die Hände reiben und die größten Messer hervorholen, derer sie habhaft werden konnten.

Ian hingegen hatte seine eigenen Sorgen und wenig Verständnis für meine verzwickte Lage. »Sie haben versucht, dir ein übertuertes und mangelhaftes Schiff unterzujubeln«, sagte er bloß. »Sie sollten jetzt wirklich nicht noch weiteren Druck ausüben!« Leider kannte Ian die Holländer schlecht, denn natürlich nutzten sie das aus. Immerhin hatten wir uns in der Zwischenzeit schon auf diverse Reparaturen geeinigt, die noch auf Rechnung der Verkäufer auszuführen waren, und auch den

Kaufpreis erheblich nach unten korrigiert. Aber der ursprüngliche Kaufvertrag galt. Das Letzte, was ich mir leisten konnte, war, am Ende um Aufschub der Zahlung bitten zu müssen, weil die Schotten ... es war zum Verrücktwerden.

Und allmählich spitzte sich die Sache weiter zu. Etwa ein Vierteljahr verhandelten wir nun schon so fröhlich alle miteinander, meine Nerven lagen blank. Ich schrieb eine weitere E-Mail an Ian mit der verzweifelten Anfrage, ob es von seiner Schafsinsel Neuigkeiten gäbe. Leider lagen offenbar auch seine Nerven blank. Er schrieb mir nämlich zurück, dass er gerne vom Kaufvertrag zurücktreten würde. Ich solle ihm doch bitte die bereits von ihm geleistete Anzahlung zurücküberweisen, die ebenso bereits ausgeführten Reparaturen an »Libje« selber zahlen und das wäre es dann.

Ich dachte, unter mir löste sich der Schiffsboden auf. Ich würde also als stolzer Eigner zweier stattlicher Schiffe bankrottgehen. Aber während ich nach Luft japsend um einen letzten Rest von Fassung kämpfte, kam eine weitere Mail von ihm. Darin stand das Unglaubliche: »Lieber Detlef – Minuten nachdem ich die letzte Mail abgesendet hatte, rief mich mein Anwalt an. Er habe endlich die notwendige Verzichtserklärung von dem letzten Schafsbesitzer bekommen! Dies war das Allerletzte, auf das wir noch gewartet hatten! Jetzt werden wir den Verkauf bis Ende Januar ohne weitere Probleme abwickeln können, sagte er. Nach allem, was passiert war, wagte ich kaum es zu sagen und es hätte mich nicht gewundert, wenn jede Sekunde hier ein Meteorit auf dem Haus gelandet wäre, aber es sah tatsächlich so aus, als hätten wir es endlich geschafft ...«

Ich konnte es nicht fassen. Zu viel der Dramatik – vor ein paar Minuten der totale Absturz, und jetzt war alles gerettet?

Das konnte doch nur Schicksal sein! Aber gleich tauchten neue Fragen auf: Wie lange würde es wirklich noch dauern, bis das Schiff so weit repariert war, dass wir es nach Hamburg segeln könnten? Wie würde dann das Wetter im Januar sein? Es blieb spannend. Die armen Leute an Land, die in ihren perfekten, geheizten, dichten, heilen, immobilen Häusern wohnen, die erleben ja kaum etwas von dieser Art!

Die ereignisreiche Überführung der »Pippilotta« vom niederländischen Friesland nach Hamburg begann am 9. Februar. Der große Tag verlief ganz banal und unspektakulär. Vormittags wurde ich in meinem Büro vom Notar André Bosscher aus Groningen angerufen: »Congratulations«, sagte er, »Sie sind ab heute Eigner des Klippers, der unter dem neuen Namen ›Pippilotta‹ für Sie in das Schiffsregister der Niederlande eingetragen ist!« Einfach so, ein Anruf im Büro: Alles Geld war bezahlt und dort eingegangen, alle Verträge waren unterzeichnet – ich durfte jetzt das Schiff übernehmen und damit tun und lassen, was ich wollte. Wo blieben die Fanfaren? Die knallenden Champagnerkorken?? Der tosende Beifall??? Nichts, nur ein Arbeitstag wie so viele andere. Außer, dass wir am nächsten Tag nach Friesland fuhren! Das Wetter war übrigens entsprechend, wie von Mr. Murphy persönlich bestellt: Ein eisiger, alles durchschneidender Ostwind wehte schon seit Tagen (genau gegenan natürlich, wenn man von den Niederlanden nach Hamburg segeln möchte), dazu gab es zur weiteren Abkühlung Schnee- und Graupelschauer …

Am Sonntag fuhren Anke und Ole und ich mit dem Auto nach Friesland, wo wir nachmittags am Schiff ankamen und an Bord unseres neuen »Hausebootes« gingen, wie Ole sagte. Wie verabredet kam gegen 17 Uhr ein Tankwagen, bestellt noch von unseren Voreignern, der uns an die 600 Liter roten Diesel in die Tanks spülte. Rot! Geht gar nicht in Deutschland!! Total illegal!!! »Aber ich habe gar nichts anderes«, sagt der Tankmensch. »Der vorige Eigner hat nur roten Diesel gebunkert!« Ist also mit Heizöl gefahren. »Außerdem sind die Tanks ja noch halb voll, da bringt es eh nichts, wenn man jetzt teuren Straßendiesel draufkippt.« Das leuchtet ein, aber ich kann nur hoffen, dass unterwegs kein Zoll an Bord kommt; auch wenn wir das Schiff mit vollen Tanks in den Niederlanden gekauft haben, wo das Tanken von rotem, also von allen Straßensteuern befreitem Diesel legal, zumindest aber üblich oder geduldet ist. Nehmen wir einfach an, wir wären nicht an Bord gewesen. Die Tanks wären dennoch gefüllt worden und wir hätten weder etwas bemerkt, noch etwas unternehmen können …

In dieser ersten Nacht an Bord des neuen Schiffes schliefen wir alle drei besonders gut, das nahm ich als gutes Omen. Wir frühstückten, stöberten an Bord rum, dann kam unsere extrem nette Überführungscrew an Bord: Christian, der Nachbar eines alten guten Freundes von mir aus Haarlem, und sein Bruder Sebastian, genannt Bastian, dazu dessen Freundin Annelene aus Deutschland und noch ein befreundetes Pärchen: Wouter und dessen Freundin Irene. Alle fahren im Sommer professionell auf Charterschiffen der »Braunen Flotte« (also genau die Art Schiffe, wie »Pippilotta« auch eines ist – Bastian kannte sie sogar noch, als sie in Charter war und »Twee Provincien« hieß). Irenes Vater hat zwei dieser Schiffe, davon fährt sie eins als Schipper; die beiden Brüder haben jeweils ihr eigenes Schiff unter ihrem Kommando (Bastian, mit 35 der ältere, ist selbst Eigner eines Schiffes). Mehr geballte Erfahrung und Expertise mit dieser Art von Schiffen hätten wir nicht finden können, und wenn wir uns darum bemüht hätten. Haben wir aber nicht, denn das alles war wie immer ein Zufall: Mein Freund aus Haarlem hat mich mit Christian zusammengebracht, zweimal haben wir telefoniert, dann lief alles wie von selbst. Aber was für Mengen an Proviant schleppen die an Bord: Ob sie das Schiff wirklich nach Hamburg bringen oder in Wahrheit ganz woanders hin wollen? Wir konnten ja nicht wirklich sagen, dass wir auch nur einen von denen gut kannten; nicht mal die Nachnamen wussten wir. Leicht hätten sie mit unserer »Pippilotta« auf Nimmerwiedersehen hinterm Horizont verschwinden können!

Bevor es jedoch so weit war, fuhren wir mit unserer Überführungscrew durch die Kanäle bis nach Lauwersoog. Eine ganze Weile steuerte ich unser neues Schiff, und eng kamen sie mir anfangs vor, diese Kanäle. Vor allem, wenn man vor Brücken warten musste, im Kanal treibend oder auch irgendwo am Ufer festmachend. Den gesamten Tag regnete es in Strömen, aber das konnte unsere Freude nicht trüben. Dass es hier und da und dort auch durchregnete, bemerkte ich an diesem Tag noch nicht. Dass der Motor bereits klinisch tot war, auch nicht. Dafür hatte unsere fantastische Crew gleich sämtliches Werkzeug mitgebracht, um wenigstens die gröbsten Fehler im Rigg beseitigen zu können: Trennscheibe, Schweißgerät, Ketten. Besser hätte ich es nicht treffen können. Noch im Hafen von Lauwersoog, bereits an der offenen Nordsee, begannen die Arbeiten. Die Ankerkette wurde repariert, indem ein schwaches Glied entfernt wurde, neue Püttings für die vorderen Unterwanten des Besanmastes wurden angeschweißt. Die Masten waren arg nach achtern gebogen, weil sie jahrelang falsch verstagt gewesen waren; das zu richten dauerte jetzt kaum einen Tag. Ein Jammer,

»Libje« trockengefallen auf Neuwerk

»Libje« vor Anker auf der Haseldorfer Nebenelbe

oben »Libje« in Hamburg-Teufelsbrück; unten Blick in den Salon auf der »Libje«

oben »Libje« auf Neuwerk; unten Blick vom Salon nach achtern auf der »Libje«

oben »Libje« auf der Haseldorfer Nebenelbe; unten Salon auf der »Libje«; unten rechts Der Autor mit seinem Sohn auf der »Libje«

Der Autor auf der »Pippilotta«

»Pippilotta« im Nebenfahrwasser der Unterelbe

oben Der Autor und eine Tochter auf der »Pippilotta« auf dem Nord-Ostsee-Kanal; rechts »Pippilotta« auf der Elbe

oben »Pippilotta« auf der Elbe; unten der Sohn des Autors auf dem Großbaum der »Pippilotta«

»Pippilotta« auf der Elbe

oben »Pippilotta« am Liegeplatz in Teufelsbrück; unten »Pippilotta« im Museumshafen Oevelgönne

Salon auf der »Pippilotta«

ben Kombüse auf der »Pippilotta«; unten »Pippilotta« am Liegeplatz Teufelsbrück

»Pippilotta« im City Sporthafen in Hamburg

dass Anke, Ole und ich hier in Lauwersoog aussteigen und mit dem Auto nach Hamburg zurückfahren mussten – unser Schiff sollte morgen in das Wattenmeer auslaufen, Kurs: Elbe.

Zwei Tage später kamen die ersten unheilvollen Nachrichten. Doch eine gute zuerst: Das Schiff segelte sehr gut. Zumindest sagte unsere Crew das, waren sie doch etliche Meilen durch das Watt gegen den Wind bis zum Hafen von Norderney gekreuzt und hatten dann dort auch unter Segel angelegt. Kaum zu glauben! Das ist die hohe Kunst, die königliche Kür der traditionellen Seemannschaft! In einen Hafen einlaufen und anlegen unter vollen Segeln. Solch ein Manöver, mit einem – inklusive Klüverbaum – rund 30 Meter langen Schiff, das immerhin 70 Tonnen Gewicht durch das Wasser schiebt, das muss man wirklich erst einmal können. Oder sich zutrauen. Also, es dauert, bis diese 70 Tonnen endlich zum Stehen kommen – eine Bremse gibt es ja nicht. Der durchschnittliche Freizeitsegler traut sich kaum, mit einem 8 Meter langen Boot ohne Maschine anzulegen.

Ohne Maschine. Das ist das Stichwort für die schlechte Nachricht. Bereits im Watt zwischen Norderney und Spiekeroog hatte die Maschine begonnen, Ärger zu machen. Unheilvolle Geräusche, die unsere Crew dazu veranlassten, sie lieber auszuschalten, zu ankern und mit der nächsten Tide zurück nach Norderney zu segeln. Dort wurde ein Mechaniker konsultiert, der nach Tagen eine offensichtlich kaputte Einspritzdüse auswechselte und abschließend das unheilvolle Orakel sprach: »Diesen Motor müssen Sie aber in Hamburg dringend komplett durchchecken und überholen lassen!« Wie wahr. Am Ende tauschten wir den Motor komplett aus, womit ich beim Kauf überhaupt nicht gerechnet hatte. Die Crew an Bord jedenfalls hatte dank dieses Intermezzos einige nette Ferientage auf Norderney –Norderney im Februar, es gibt sicher Aufregenderes. Bastian erzählte später die lustige Geschichte aus dem winzigen Hafenamt dort. »Als wir weitersegeln wollten, war ein kleiner Autounfall auf der Insel passiert. Dann wollten wir auch noch auslaufen. Sagt da einer im Hafenbüro: ›Mann oh Mann, heute ist hier aber auch was los!‹«

Immerhin, von Norderney ging es expressartig weiter. Mit Volldampf nach Wangerooge, dann mit der auflaufenden Flutwelle in die Elbe hinein. Eigentlich hatte ich in Cuxhaven wieder an Bord gehen wollen, dann kam jedoch eine SMS: »Noch sechs Meilen bis Cux. Tide gut, fahren weiter!« Fast befürchtete ich schon, dass sie mit dieser Tide noch ganz bis Hamburg kommen würden, dann machten sie aber doch in Glückstadt fest.

Tags darauf hieß es für mich also: Endlich wieder an Bord! Ole, Astrid, Axel und ich kamen mit der Regionalbahn aus Altona nach Glückstadt gefahren und gingen gegen Mittag an Bord. Es war ein kalter Tag im Februar, mit schneidendem Ostwind, tief an den Himmel gehängten grauen Regenwolken und heftigen Schauern. Aber all das konnte unsere Freude nicht trüben: Es war geschafft, fast!

Christian begrüßte mich breit grinsend: »Na, Schipper, dann erklär uns mal, wie wir hier jetzt ablegen sollen!« Hmm, tja, wie? Gute Frage. Platz zum Manövrieren gab es keinen. Der Ostwind nagelte uns fest an die Spundwand im Hafen von Glückstadt, und da gerade Niedrigwasser war – wir wollten ja mit der Flut nach Hamburg hinauf –, ragte die Mauer rund 5 Meter über unserem Deck empor. In die Spring eindampfen und mit dem Heck rausdrehen, wie ich es so oft mit dem Motorschiff »Libje« gemacht hatte, ging nicht: Rrrrums, knirsch, der Bugspriet würde an der Spundwand zersplittern. Andersrum in die Spring dampfen, um den Bug rauszudrehen, kam ebenso wenig in Frage, das klappte bei dem Wind nicht. Also? »Da liegt doch so ein kleiner Schlengel in paar Meter zu Luv und achteraus von uns«, sagte Christian. Da legte er eine Leine drauf (die er mal eben etwa 15 Meter weit warf) und belegte die dicht genommen am Heck. Machte dann alle anderen Leinen los und dampfte vorsichtig voraus in diese Luvspring ein. Wie von Geisterhand gezogen, legte die »Pippilotta« quer gegen den Wind von der Pier ab – fantastisch. Man musste eben nur wissen, wie. Ich hatte auf diesem Schiff jedenfalls noch eine ganze Menge zu lernen. Und ich war froh, dass ich eine gute Versicherung hatte …

Die Fahrt bis Hamburg verlief dann planmäßig und ohne Aufregung, am Ende legte ich das Schiff selber im City-Sportboothafen an, unterhalb des Michels, quasi direkt im Zentrum Hamburgs.

Einen Tag später, unsere freundlichen Helfer waren schon wieder nach Hause abgereist, begann der Bordalltag. Es leckte und tröpfelte unter Deck. Aber so ein paar leckende Luken, das ist ja lächerlich, dachte ich – noch. Das Regenwasser stand zwischen Rahmen und Deck und konnte nirgendwohin abfließen, also musste es ja seinen Weg unter Deck finden, irgendwie, irgendwann. In den nächsten Wochen und Monaten beschäftigte ich mich intensiv mit den Luken, und nicht nur ich. Auch ein Glaser und ein Tischler waren involviert, denn die meisten Rahmen mussten am Ende erneuert werden und das Glas darin, über unserer Wohnküche, gleich mit.

Dann wollte ich, immer noch im Hamburger City Sporthafen, Frischwasser bunkern. Selbst das wurde zu einem recht aufregenden Unternehmen. Den Wasserschlauch musste ich erst einmal quer über dieses Hafenbecken von einem Schlengel zum nächsten werfen. Bis mir das gelang, war die erste halbe Stunde vorbei. Drei Stunden lief das Wasser dann in den Tank, es sollte ja einen Überlauf geben, hatte der Voreigner gesagt (das war gelogen, wie so vieles), dann wurde es mir unheimlich – zum Glück stellte ich das Wasser ab, kurz bevor der Tank geplatzt wäre. Die Bodenbretter im Badezimmer (über dem Tank) waren schon hochgebogen, Luft und Wasser entwichen zischend aus einem winzigen Spalt zwischen Inspektionsluke und Tank – nun aber schnell Wasser verbraucht! Dumm nur, dass dieses Brauchwasser erstmal in den Holdingtank lief. Der Voreigner hatte mir auch erklärt, dass die Pumpe den Tank automatisch entleert, wenn er voll ist – auch das war gelogen. Also hieß es jetzt alle zwei Tage (und nun auch eher) ins Vorschiff klettern, um die Pumpe für den Tank manuell anzuwerfen. Mühsam! Also noch mehr Handlungsbedarf zum Reparieren oder gleich Umbauen … »Hast du etwa noch andere Hobbys?«, hatte Christian mich gefragt. »Nein? Na, dann ist ja gut, denn ab jetzt hast du mehr als genug zu tun!«

Wie wahr. Aber trotz allem war es wunderschön, hinter der Überseebrücke im Schatten der »Cap San Diego« auf diesem schönen, musealen Segelschiff herumzuturnen. Am ersten Tag habe ich auch Stunden damit verbracht, den frei vorm Bug baumelnden Anker »einzufangen« und ordentlich zu verstauen. Welch ein Erfolgserlebnis! Und was für eine Therapie für einen ansonsten körperlich degenerierten Schreibtischhocker und Computerstarrer wie mich! Uwe, unser Hafenmeister aus Teufelsbrück, kam dann auch noch vorbei und freute sich über mein Schiff: »Das wird ja eine wirkliche Zierde für unseren Hafen!« Gibt es ein schöneres Kompliment?

Unterwegs mit »Pippilotta«
≈≈≈≈≈≈≈≈≈≈≈≈≈≈≈≈≈≈≈≈≈≈≈≈≈≈≈≈≈

Es war die Jungfernfahrt nach 101 Jahren. Nicht für unser Schiff, aber doch für uns und, in gewissem Sinne, für die »Pippilotta«, denn so hatte sie in all ihren 100 Jahren zuvor nicht geheißen. Gut, wir hatten sie schon vorher einige Male bewegt, zur Probefahrt mit der neuen Maschine, zum Bunkern (das Vollfüllen der Tanks, in diesem Fall der Diesel- und Heizöl-Tanks, was gefühlt ein halbes Jahreseinkommen kostete) in den Hamburger Hafen und so weiter, aber dies war der erste richtige Wochenendtörn. Nur so, zum reinen Vergnügen, mit Freunden und anderen Kindern und unserem Bootsmann und eben fast allen, die dazugehören.

Mit unserem Bootsmann Peter Prinz war es so ein Glücksfall. »Adoptiert« hatte ich ihn im Hafen von Teufelsbrück, wo er eine Zeitlang ein kleines Segelboot liegen hatte. Tatsächlich war Peter ein waschechter Bootsmann, klein, drahtig und aufmüpfig, aber mit einem goldenen Herzen unter der deftig-rustikalen Schale. Mehr als dreißig Jahre lang war er gefahren, wenn man seinen Erzählungen glauben mochte –, von Kap Hoorn über Kapstadt bis Sansibar, von Liverpool über New York bis Hamburg-St. Pauli. Als Bootsmann hat er mehrmals den Globus umrundet, als Herr und Meister des Kabelgatts und von allem, was an Deck vorgeht. Zu Zeiten, als die Schiffe noch so hübsch waren wie die Bräute, von denen er verzückt erzählte und natürlich behauptete, in jedem Hafen mehr als nur eine gehabt zu haben. Er fuhr auf etlichen Schiffen, Seelenverkäufern, stolzen Dampfern und zum Schluss auch auf der bildschönen »Cap San Diego«, einem Stückgutfrachter aus den 1960er Jahren, der heute als Museumsschiff im Hamburger Hafen liegt. Beeindruckend sind die mächtigen Ladegeschirre, mit denen damals tatsächlich noch Kaffeesäcke und Rumtonnen und was nicht noch alles einzeln in den Ladeluken verstaut wurden. Es waren noch Zeiten, als die Matrosen, Bootsleute und Offiziere frei hatten im Hafen, Muße für den Landgang und für die Abenteuer, die sich dabei unweigerlich immer ergeben haben. Wegen eines heimtückischen Krebsleidens musste unser Bootsmann die Seefahrt schon frühzeitig aufgeben, was aber vielleicht auch ein kleines Glück im großen Unglück war, wie er selbst einmal sagte – denn die Containerfahrt, mit nur ein paar Stunden Liegezeit in den Häfen und ansonsten wie nach einem Busfahrplan organisiert, hätte ihm sicher nicht gefallen. Es bereitete ihm immer ein diebisches Vergnügen, wenn ihn in Teufelsbrück ältere Damen, die sich durchaus zu ihm hingezogen fühlten, fragten, ob er denn keine Kinder habe, und darauf unwirsch zu antworten: »Ich bin dreißig Jahre zur See gefahren. Woher zum Teufel soll ich wissen, ob ich Kinder habe?«

Als wir mit unserem Klipper in Teufelsbrück auftauchten, freute Peter sich jedenfalls mächtig. Endlich war er wieder in seinem Element, endlich hatte er wieder eine richtige Aufgabe! Begeistert sah er den stählernen Rumpf, das Deck, die Aufbauten mit ihren Rostflecken. Ich musste ihn im Grunde nur pro forma fragen, bitten schon gar nicht, und er kam sofort an Bord und kümmerte sich fortan hingebungsvoll und mit echtem Eifer um unser tatsächlich ziemlich heruntergekommenes Schiff.

Rückte dem Rost zu Leibe, hämmerte und schliff, malte und pönte und strich – erst den Rumpf, dann Deck und Aufbauten und dann ging irgendwann alles wieder von vorne los, aber »Pippilotta« erstrahlte in einem prächtigen neuen Farbkleid. Das alles war eine Wahnsinnsarbeit, die Wochen und Monate verschlang. Immer mal wieder tranken wir gemeinsam zu viel, ein, zwei Mal gerieten wir aneinander, wie es sich für echte Seeleute gehört, aber schon bald verband uns eine echte, ehrliche Freundschaft. Irgendwie waren wir ja beide, jeder auf seine ganz eigene Art, gestrandete Seeleute in diesen vornehmen Hamburger Elbvororten. Als Peter schließlich nach vielen Jahren seiner Krebserkrankung erlag, traf es uns sehr. Vergessen werde ich ihn nicht und ich bin froh und dankbar dafür, ihn kennengelernt zu haben.

Aber zurück an Bord. Der schönste Moment ist ja immer der, wenn der Motor ausgeht. Wenn man ihn freiwillig abschaltet, meine ich natürlich. Das passierte an diesem schönen, sonnigen Frühsommertag gleich vor der Hafeneinfahrt von Teufelsbrück. Das Ablegen und Auslaufen war unspektakulär verlaufen, wir hatten alle Leinen gelöst und auch nicht vergessen, das Landstromkabel zu entfernen. Langsam war ich Voraus eingedampft. Richtung Steinböschung und Uferpromenade auf der anderen Seite der Hafeneinfahrt. »Da vorne ist aber nicht mehr viel Platz«, hörte ich eine besorgte – männliche – Stimme neben mir: Einer unserer Mitsegler wurde nervös. Aber hier hatte ich die Situation im Griff. Sowie das Heck frei von dem schönen, weißen Motorboot war, das am anderen Schlengel gegenüber von unserem Platz lag, gab ich beherzt und kräftig rückwärts. Das Heck schwang planmäßig nach Backbord aus, der lange

Klüverbaum, der eben fast noch auf der Uferpromenade einen Fahrradfahrer von seinem Velo geschubst hätte, drehte gen Hafenausfahrt. Diesmal behutsam gab ich voraus, ließ stolz das Signalhorn ertönen und motorte so lässig auf die Elbe hinaus, als würde ich dieses Manöver jeden Tag fahren. Eigentlich war ja auch nicht wirklich viel dabei, aber für alle Zuschauer – an Land wie an Bord – war es beeindruckend, weil der Hafen so winzig klein ist, dass wir wirklich nur bei Hochwasser, und dann auch nur so gerade eben, genug Platz zum Drehen hatten. Vorn und achtern waren dann jeweils ein paar Meter Luft, aber nicht viel mehr. Sehr spektakulär. Vor allem, wenn ich bei etwas mehr Wind in diesen Hafen einlaufen musste, hätte ich eigentlich vor dem Manöver erst einmal einen ordentlichen Beruhigungsschluck gebraucht ...

Draußen dann setzten wir Segel. Dieser Tag war der ideale Tag für den Anfang. Sonnig, freundlich und nur wenig Wind. Zu zweit zogen wir erstmal das Großsegel hoch. Ich schätze, dass es in etwa die gleiche Fläche hatte wie die Drei-Zimmer-Wohnung, in der ich einst, in einem anderen Leben sozusagen, gewohnt hatte. Einmal hatten wir das Segel abgeschlagen, um es zum Segelmacher zu bringen, wo es überholt werden sollte. Ein kräftiger Mann alleine kann es nicht tragen, wir schleiften es zu zweit zum Auto, das unter der Last in die Hinterachse sackte, bis fast keine Bodenfreiheit mehr zu sehen war. Und es ist ja nicht nur das schwere, sperrige Tuch; jetzt mussten wir auch noch die Gaffel mit in die Höhe wuchten: ein gut 8 Meter langes, kräftiges und massives Rundholz.

Einmal, im Hafen, habe ich das Großsegel auch alleine hochgezogen. Es ging. Aber danach musste ich mich, nach Luft schnappend, erst einmal auf das Deck legen und etwa eine Viertelstunde lang erholen. Das Fitness-Studio konnte ich mir also sparen.

Als das Segel oben war, kam der magische Moment. Ich richtete den Bug stromabwärts, das Segel wurde getrimmt und ich schaltete den Motor ab. Nur mit der Kraft des leichten Windes und dem Ebbstrom glitten wir die Elbe hinab, Richtung Nordsee und offenes Meer. Langsam ging es voran und gemütlich, aber es ging und etwas anderes wollten wir nicht. Wunderbar! Mit einem langsamen Schiff hat man mehr vom Segeln, heißt es sinngemäß in einem alten holländischen Sprichwort. Wie wahr! Und wer segelt noch dazu mit seinem kompletten Haus so gemütlich flussab – zumal wenn dieses »Haus« ansonsten in den Hamburger Elbvororten liegt: Villen segeln nun einmal nicht.

Dabei muss zur Ehre der guten, alten »Pippilotta« gesagt werden, dass sie gar nicht langsam war. Sondern dass sie, im Gegenteil, erstaunlich gut segelte – was wir jedoch erst im Laufe der nächsten Törns herausfanden, weil wir uns nur allmählich steigerten, bis wir sie endlich auch einmal unter allen Segeln hatten. Immerhin wurde sie einst als robustes Frachtschiff gebaut und nicht als Rennyacht, aber gut segeln musste sie dennoch. Bei ihrem Stapellauf hatte sie noch keine Maschine und ihre Fracht musste sie trotzdem, bei fast jedem Wind und Wetter, am Bestimmungshafen abliefern. Aus diesem Grund segeln eigentlich alle historischen Arbeitsschiffe recht gut – sonst hätten sie einfach nicht ihre Aufgaben erfüllen und ihre Leute ernähren können.

Vor dem idyllischen Blankenese setzten wir dann auch noch die Fock. An diesem ersten, gemütlichen Segeltag gelangten wir bis nach Glückstadt, wo uns, am frühen Nachmittag, der Ebbstrom verließ. Statt gegen die junge, kräftige Flut gegenanzusegeln, legten wir im Außenhafen von Glückstadt an. Das hört sich so leicht an, wie es in diesem geräumigen Hafen auch tatsächlich war, und so kamen »Pippilotta« und ich mit nur leichten Schrammen davon – sie an der Farbe, ich an meinem Ego. Das war also nicht weiter tragisch, außerdem wurden wir bald darauf abgelenkt. Es war ein heißer Sommertag, wir Erwachsenen wollten kühle Getränke, die Kinder am liebsten lauwarmes Wasser im aufblasbaren Planschbecken an Deck. Um beides zu erzeugen, brauchte man Strom, an Bord nebenbei gesagt auch zum Spülen der Toilette oder damit tatsächlich Wasser aus dem aufgedrehten Hahn sprudelte. In unserem Heimathafen Teufelsbrück hingen wir per Kabel am Landstrom, unterwegs sollte der Generator für Spannung sorgen. Sollte – die Formulierung nimmt die Pointe vorweg. Strom gab es also nicht, der Generator sprang zwar an und rumpelte laut vor sich hin, lieferte aber keine Energie an unsere Bordbatterien, so dass der Umformer wiederum auch gar nicht erst dazu kam, 220 Volt zu produzieren. Früher, beim Jollensegeln, sind wir auch ohne Elektrizität ausgekommen. Sagte ich, und dann kam es auch so: Unsere stolze, schwimmende Villa war plötzlich reduziert auf ein besseres Zelt, auf eine primitive Behelfsunterkunft ohne die zuweilen zweifelhaften Segnungen der Zivilisation.

So bemühte ich den uralten Kalauer: »Auf diesem Schiff gibt es eine Waschmaschine, einen Geschirrspüler, eine Dusche und eine Toilette – und alles im gleichen Eimer!« Unsere Freunde an Bord nahmen es zum Glück mit Humor und Gelassenheit und betrachteten es als Herausforderung. Frischwasser holten wir für den Rest des Tages in Flaschen von einem Wasserhahn an Land, für alles Übrige bemühten wir tatsächlich den eben erwähnten Eimer. Allerdings erinnerte mich diese Episode schmerzhaft daran, dass wir auch nach einem Jahr noch lange nicht mit den Umbau- und Renovierungsarbeiten an Bord durch waren. Es gab zwar Licht am Ende des Tunnels, aber wer weiß – es hätten auch die Scheinwerfer eines entgegenkommenden Expresszuges sein können.

Wie ein außer Kontrolle geratener Expresszug legte ich dann leider auch am nächsten Tag in Grünendeich an, einem winzigen Kaff auf der niedersächsischen Seite der Elbe mit einem schönen Anleger. Der einzige Schönheitsfehler ist, und das hatte ich so deutlich gar nicht begriffen, dass die Stege voll in der Strömung liegen, die hinter der Elbinsel Lühesand hindurchfaucht. Und, was die Sache noch eine Stufe interessanter macht, dass die Stege nicht ganz parallel zur Strömung liegen, sondern in einem kleinen Winkel. So dass man, wenn man wie ich mit der 70 Tonnen schweren »Pippilotta« vor den Stegen dreht, von der Strömung voll auf die Stege – und die daran festgemachten Boote – gedrückt wird. Zu spät bemerkte ich es: Mit atemberaubender Schnelligkeit drehte unser Heck auf ein schmuckes weißes Plastikmotorboot zu, geschätzter Wert so um die 100 000 Euro, und hätten wir es getroffen, hätte unser schweres Stahlschiff dieses Boot wie einen Zwieback in der Kinderfaust zerbröselt. Nur: Es gab kein Zurück mehr und auch nur wenige Sekunden zum Überlegen. Einziger Ausweg: Flucht nach vorne. Vor dem Boot war der freie Platz, an den ich eigentlich ganz langsam und zivilisiert hatte heranfahren wollen, gegen die Strömung und ganz kontrolliert. Wie man es hier wieder einmal sieht, trennt oft nur eine Haaresbreite den Erfolg von der totalen Katastrophe. Um es kurz zu machen: Ich gab Vollgas voraus, um mit unserem Heck am Heck des vertäuten Bootes vorbeizukommen. Was leider den Nachteil hatte, dass ich mit einem ziemlichen »Krawumms« an den Steg fuhr. Doch wenn man nur noch die Wahl hat, entweder ein anderes Boot oder einen Steg zu rammen, entscheidet man sich schon im Sinne seiner Versicherung immer für Letzteres. Es krachte also, aber der Steg war stabil, die »Pippilotta« sowieso, und ich war noch einmal mit dem Schrecken und einem deutlichen Knick im Ego davongekommen, die arme »Pippilotta« mit einem weiteren Kratzer in der Farbe.

So bekamen wir, mein Schiff und ich, unsere Blessuren vom Leben verpasst. Vor allem beim »learning by doing«, denn ein Schiff dieses Kalibers hatte ich vorher noch nicht gefahren. Belohnt wird man für all die Mühen dann doch immer mal wieder und meist dann, wenn man es am wenigsten vermutet. »Oldtimer kosten nur die Hälfte!«, sagte der Hafenmeister von Grünendeich, als er vor der alten »Pippilotta« stand und das Liegegeld für die Nacht kassieren wollte – und das, obwohl ich selbst doch gar nicht an Deck war! Allerdings ist es ein weiterer Vorteil historischer Schiffe, dass sie eben immer noch ein Stück älter als ihre geplagten Eigner aussehen. Aber wie wohl tat diese kleine Geste als Belohnung für den hohen Einsatz, ein mehr als hundert Jahre altes Schiff am Leben und in Fahrt zu halten. Irgendwer muss sich ja kümmern um diese »segelnden Monumente«, wie sie in den Niederlanden so schön genannt werden. Wer, wenn nicht wir? (Das ist von Rio Reiser. Weiter geht's in dem Song: »Wann, wenn nicht jetzt? Wo, wenn nicht hier?« – Eben.)

Ein Leben im »Hier und Jetzt«. Dazu gehörte auch, dass das reibungslose Ablegen am nächsten Morgen und vor allem das filmreif perfekte Einlaufen mitsamt Anlegemanöver in Teufelsbrück das Bewusstsein ausfüllte und die Schmach des vergangenen Tages verdrängte.

Es war ein warmer, sonniger Frühsommertag um die Mittagszeit, als wir bei Hochwasser in den kleinen Hafen fuhren und dort rückwärts an unserem Platz anlegten, als sei dies das Einfachste und Natürlichste von der Welt – was es natürlich, eigentlich, auch wirklich hätte sein sollen. Die Uferpromenade war voller Menschen, jeder war an diesem schönen Tag draußen und am Wasser. Und wir genossen am Nachmittag das Bord- und Hafenleben, die Erwachsenen saßen und lagen lässig an Deck in der Sonne, die Kinder spielten mit dem größten Vergnügen auf dem Steg und bei Niedrigwasser im Matsch und Schlick neben dem Steg. Und es wurde mir wieder einmal bewusst, wie gut wird es doch hatten, auf diesem Schiff und in diesem Hafen wohnen zu können.

Ein oder auch zwei Wochenenden später waren wir schon wieder unterwegs, diesmal in anderer Besetzung mit anderer Besatzung – abgesehen von der »Stammcrew«, bestehend aus unserer kleinen Familie. Ole war wie immer stolz auf sein Zuhause, wenn andere Kinder an Bord kamen. Wenn wir dann jedoch erstmal länger als etwa eine Stunde unterwegs waren, verloren sie das Interesse an der Seefahrt und gingen spielen, meist unter Deck.

Aber auch dafür war dieses große Schiff bestens geeignet, schließlich hatte Ole sein komplettes Kinderzimmer samt Spielzeuginventar dabei. Und selbst Malin, für die wir auf dem Achterdeck neben dem Steuerrad einen kleinen Laufstall aufgebaut hatten, kletterte am liebsten frei an Deck herum und wollte auch mal steuern.

An diesem Wochenende war etwas mehr Wind, wir segelten abermals mit bescheidener Segelfläche, zunächst also wieder einmal nur dem Großsegel, dann auch noch mit der Fock. Das war auch besser so mit unserer sehr gemischten und nicht wirklich vor Segelerfahrung strotzenden Crew, die noch dazu zum nicht unerheblichen Teil aus kleinen Kindern bestand. Auf die Anweisung: »Nimm doch mal die Fockschot etwas dichter« kam denn auch prompt die Frage: »Was ist das, die Fockschot?« Da klappt einem Schiffer vor lauter Verblüffung doch glatt der Unterkiefer runter. Dennoch segelten wir auch an diesem Tag ein gutes Stück elbabwärts, wendeten dann und segelten ein kürzeres Stück gegen Wind und Tide wieder zurück. Auch das ging, und besser als erwartet. Gut zu wissen, gerade bei den aktuellen Dieselpreisen, dass wir also auch nur unter Segel sehr weit kommen könnten. Allmählich regte sich in mir wieder die Abenteuerlust. Sollten wir nicht doch mit diesem Schiff auf eine lange Reise gehen? Einen Monat, einen Sommer, ein Jahr lang? In Nordeuropa lagen viele reizvolle Ziele in unserer Reichweite …

Erst einmal verharrten wir in unserem geregelten Leben, fuhren am nächsten Tag bei grauem norddeutschen Nieselwetter brav in unseren Heimathafen zurück. Der wenige Wind und der Nieselregen kamen von vorne, die meisten Leute an Bord zogen sich schon bald unter Deck zurück. Also tuckerten wir mit unserem mit gemütlichen 1000 Umdrehungen schnurrenden Motor gen Hamburg, zusätzlich angeschoben von der mit uns den Strom hinauflaufenden Flutwelle. Noch war das Wasser jedoch flach, zwei oder drei Mal setzten wir denn auch am Rande der Elbe auf. Was natürlich, bei mit der Flut steigendem Wasser, überhaupt kein Problem war: Nur kurze Zeit später schwamm das Schiff ja von alleine wieder auf. Allerdings waren wir zu früh, erreichten schon bei halber Tide den Hafen von Teufelsbrück. Noch fast drei Stunden würden bis Hochwasser vergehen, wir konnten also nicht einlaufen. Das war frühestens in zwei Stunden möglich. Also tuckerten wir noch weiter, Richtung Hamburger Hafen, bis Oevelgönne, und gönnten uns und unseren Freunden an Bord eine kleine »Hafenrundfahrt« quasi als kostenlosen Bonus zum Abschluss des Wochenendes. Tatsächlich ist es immer wieder wunderschön, in den Hamburger Hafen einzulaufen – nach und nach entfaltet sich das Panorama der Stadt, das von der Elbe aus gesehen einfach toll wirkt.

Zum Abend hin hatte sich der Nieselregen zu einem typischen Hamburger Dauerregen entwickelt, aber da lagen wir schon fest an unserem Platz in Teufelsbrück. Gemütlich war es, unter den großen, transparenten Luken in der Küche zu sitzen und zu essen, während oben der Regen aufs Deck pladderte. Jedenfalls dann, wenn man, wie wir, nicht mehr hinausmusste. Anders sah es leider für unsere Freunde aus, die spät mit Sack und Pack und zwei schlafenden Kindern das Schiff verlassen mussten – Oles gleichaltrige Freundin Ida wäre lieber gleich an Bord geblieben und für immer eingezogen. Und es war schon fast eine abgemachte Sache, dass wir bald mit diesem Schiff nach Helgoland segeln würden … Aber wie das so ist mit den Plänen: Nicht alle lassen sich umsetzen, viele halten dem Kontakt mit der Wirklichkeit einfach nicht stand. Denn wirklich seetüchtig war »Pippilotta« ja nur in sehr begrenztem Maße.

Dafür bot sie uns immerhin gut 100 Quadratmeter Wohnfläche unter Deck. Platz genug, um mit Mama, Papa, zwei Kleinkindern und einem Au-pair sehr gemütlich an Bord wohnen zu können. Fangen wir mal ganz achtern mit der Beschreibung an. Das ist ja der vornehme Teil des Schiffes, dort wird kommandiert, während vorne gearbeitet wird. Das Achterdeck war, im Hafen oder vor Anker, eine wunderbare Terrasse für uns; sonst wurde hier gesteuert, an dem großen, hölzernen Steuerrad, das damals ein gutes Stück höher war als Ole.

Wenn der Blick von dort aus über das Deck 25 Meter weit nach vorne schweifte, bis zum Bug und dem noch einmal gute 5 Meter weiter ragenden Klüverbaum, an den zwei gewaltigen Masten und den Spieren und Segeln vorbei, dann wusste man schon, dass man ein großes, schweres Schiff steuert, und wurde ein wenig ehrfürchtig.

Was überhaupt nicht schaden konnte: Wer hier das Ruder in der Hand hatte, sollte schon ziemlich gut wissen, was er oder sie tat. Ole und Malin saßen gerne auf dem großen Steuerkasten, an dem das Rad befestigt war, denn von dort hatten sie einen wunderbaren Überblick über das Geschehen und konnten auch jederzeit ans Steuer greifen.

Unter dem Achterdeck befand sich eine kleine Schlafhöhle. Dies war eine tolle kleine Kabine mit einem gemütlichen, kuscheligen Doppelbett – nur stehen konnte man dort nicht. Hier schlief früher der Kapitän, als dies noch ein Charterschiff war, mit dem zahlende Gäste durch das Wattenmeer gekurvt wurden, zu unserer Zeit war es das »Zimmer« der Au-pairs. Und direkt davor war der »Decksalon«, unser »oberes Wohnzimmer«, voll mit Büchern, einem gemütlichen Sofa und einigem anderen. Auch dies war einst ein Raum des Kapitäns, in dem die Chartergäste nichts zu suchen hatten – und es war der eigentlich schönste Raum an Bord, auch weil man durch relativ große Fenster hinaussehen konnte.

Nach vorne gelangte man von dort aus zunächst in eine Art Flur. Rechts, also an Steuerbord, war eine große Werkbank mit viel Stauraum, wo wir Werkzeug und allerhand Krams aufbewahrten – je mehr Stauraum man hat, desto mehr sammelt sich an, das ist nun einmal ein Naturgesetz. Von dort ging es auch in den Maschinenraum, in dem man jedoch nur auf allen vieren kriechen konnte, weil er sich unter dem Boden des oberen Salons befand. Waren größere Reparaturen an der Maschine fällig, was leider oft der Fall war, konnte man den Boden aufmachen und kam auch von oben an die Maschine, den Generator, die Batterien, Umformer, Ladegeräte, Tanks und Pumpen sehr gut heran.

An Backbord, gegenüber der Werkstatt, war unser Hauswirtschaftsraum. Von dort aus gelangte man durch eine schöne alte Holztür in den zentralen Wohnbereich des Schiffes, die gemütliche Wohnküche. Auch dort gab es eigentlich alles, was man so braucht, inklusive Vierflammenherd (Gas) mit elektrischem Backofen, reichlich Arbeitsfläche und Stauraum und einem Geschirrspüler. Es gab einen großen Esstisch, an dem man mit sechs Personen bequem tafeln konnte – entsprechend gedrängt auch mit mehr. Und ein Lümmelsofa sowie, gegenüber davon, eine Spiel- und Müllecke für die Kinder. Licht und Luft kamen von oben – zwei große Luken dienten als Oberlichter, im Sommer konnte man diese aufklappen, so dass wir dann immer besonders stolz waren auf unsere einzigartige »Cabrio-Küche«. Sonst schweifte der Blick von dort aus in die Masten, das Rigg, die Wolken, den Himmel …

Eine schöne alte Holztür führte in einen kleinen Flur; dort ging es auch noch einmal eine steile Treppe hoch und durch ein Schiebeluk nach draußen. Dort befanden sich vier Kabinen.

Eine davon hatten wir zum begehbaren Kleiderschrank umgebaut, eine diente als »Baby-Wickelzimmer« hier gab es zwei Kojen als Etagenbetten übereinander, wo bei Bedarf auch Gäste schlafen konnten. Davor lag, an Backbord, Oles Zimmer, klein, aber gemütlich mit ebenfalls zwei Etagenkojen übereinander, und gegenüber an Steuerbord das Elternschlafzimmer, welches in der Praxis fast immer zum Familienschlafzimmer wurde, obwohl die Doppelkoje dort mit 1,40 Meter Breite doch eher schmal war. Das umzubauen hatten wir uns vorgenommen, war aber eins der vielen Dinge, die wir dann nicht mehr an Bord erlebten …

Ganz vorne war ein geräumiges Badezimmer mit einer Dusche, wo wir nach einer Weile tatsächlich auch eine schöne hölzerne Badewanne einbauten. Unter dem Badezimmer und der Doppelkoje waren Tanks für Frischwasser und Schmutzwasser. Noch weiter vorne, aber nur vom Deck aus zugänglich, war das Kabelgatt – eine Art Gartenschuppen. Davor kamen dann noch der Anker und dann das Wasser.

Was wir an Bord nicht hatten, war ein Fernseher. Im Hafen gab es genug zu sehen und zu tun. Abends standen meine Kinder und ich vor dem Schlafengehen oft einfach minutenlang im offenen Niedergang und schauten auf die Elbe hinaus, auf das, was sich dort auf dem großen Strom so gerade tat. Das ist uns nie langweilig geworden. Oder wir schauten morgens nach dem Wetter, der Tide, dem Wasser. Oder unternahmen bei Niedrigwasser und schönem Wetter eine kleine Wattwanderung vor der Hafeneinfahrt. Oder gingen mit unserem Beiboot rudern, besonders beliebt war die Strecke einmal zum Anleger draußen auf der Elbe und wieder zurück. Wenn beide Kinder dann endlich im Bett waren und womöglich auch schon schliefen, gab es sowieso immer noch endlos viel zu tun. Bücher schreiben, Wäsche wegpacken oder waschen, aufräumen, die Küche saubermachen, den Wassertank vollfüllen, das Beiboot ausschöpfen, falls es mal wieder geregnet hatte, oder einfach nur auf dem Sofa sitzen, vollkommen erschöpft, und ins Leere starren.

Gestrandet in Strande
~~~~~~~~~~~~~~~~~~~~~~~~~

Es war eine echte norddeutsche Sommernacht Anfang August. Windig, kalt, nass. Es war auch nach Mitternacht, wir fuhren die Elbe hinab Richtung Nordsee und die ersten Regenschauer ergossen sich über unsere gebeugten Häupter. Die Lichter in den Schleusen des Nord-Ostsee-Kanals blinkten einladend, geradezu verführerisch, zu uns hinüber. Dies war der Beginn eines immerhin gut einwöchigen Ferientörns mit unserer »Pippilotta«. Mit dem Abendhochwasser waren wir aus Teufelsbrück ausgelaufen. Wir wollten hinaus in das Wattenmeer hinter den Ostfriesischen Inseln; in das Revier also, für das unser Schiff einst gebaut worden war. Und dabei keine Zeit verlieren, denn eine Woche ist ja ziemlich kurz – jedenfalls dann, wenn man nicht arbeiten, sondern segeln möchte. Wobei wir in dieser ersten Nacht gar nicht segelten, sondern unter Motor gegen den Westwind fuhren, der frisch und böig die Elbe hinaufwehte.

Die ersten Stunden war das Wetter noch gut, die Stimmung an Bord ebenfalls. Nach und nach gingen dann alle schlafen; erst die Kinder, dann die Mütter, dann auch noch Jörg, neben mir der andere Vater an Bord. Zurück an Deck blieben Bootsmann und ich. Mit dem ablaufenden Ebbstrom waren wir bis Brunsbüttel flott vorangekommen. Dann hatten wir diese Ebbe verbraucht, die Tide kippte und damit, wie so oft auf der Unterelbe, auch das Wetter. Bootsmann und ich waren, um diese Stunde nach Mitternacht, redlich müde. Die junge Flut sprang uns fauchend an, so erschien es uns in der Dunkelheit jedenfalls. Ab und zu wurde es noch dunkler – und nass, wenn nämlich besagte Regenschauer durchzogen. Peilungen zu den Lichtern an Land zeigten uns, dass wir nur noch extrem langsam vorankamen. Es briste auf, ich hörte bald den Wind im Rigg der »Pippilotta« singen. Ungemütlich, all das. Noch waren wir nicht aus dem Bannkreis der Sirenen von Brunsbüttel hinaus: »Lass uns doch dort durchschleusen, im Kanal an der Pier festmachen und gemütlich pennen!«, scherzten wir, nicht ohne ernsten Unterton. Dabei wollten wir doch ins Watt. Anke hatte es Ole schon versprochen (das sollte man beim Segeln ja niemals tun, denn erstens kommt es immer anders, und zweitens, als man es geplant hat), dass wir im Watt lange Wanderungen und Entdeckertouren unternehmen würden ... Und jetzt in den Kanal? Auf die Ostsee? Niemals!

Auch dieses »Niemals« sollte man – nicht nur, aber vor allem beim Segeln – niemals sagen. Es kam, wie es immer kommt. Natürlich hielten wir durch, Bootsmann und Ich, tranken einige Biere in den sehr frühen, verregneten Morgenstunden. Die Fahrt bis Cuxhaven dauerte, dank der uns entgegenströmenden Flut, noch fast fünf Stunden. Fünf sehr nasse, lange, aber auch irgendwie schöne Stunden. Kurz vor Cuxhaven wurde es heller. Als wir in den Yachthafen einliefen und festmachten, war der neue Tag schon fast da. Windig und nass. Nicht unbedingt das Wetter, dachte ich, um mit meiner Crew, bestehend aus zwei Familien mit kleinen Kindern, auf die Nordsee hinauszusegeln.

Bootsmann und ich genossen es, angekommen zu sein. Zur Belohnung kam die Sonne heraus, sehr blass und noch sehr tief, aber immerhin blieb es trocken. Alle anderen schliefen noch. Wir machten das Schiff fest, klarten auf, wollten gar nicht mehr in die Kojen. Tolle Nacht! Teufelsbrück bis Cuxhaven, die gesamte Unterelbe abgefahren, gute 80 Seemeilen, das längste Stück auf dem Weg ins Watt lag hinter uns. Da kann man sich nicht einfach schlafen legen! Wie oft hatte ich dieses köstliche Gefühl genossen, erschöpft und müde und doch zufrieden und aufgedreht, nach einer langen durchsegelten Strecke irgendwo anzukommen. Und dann – Schlaf? Kein Gedanke. An Bord sitzen, den neuen Tag heraufziehen sehen, noch ein Bier oder drei nehmen. Mit allen Fasern des ja eigentlich müden Körpers endlich genießen. Geschafft! Entspannen! Trinken!

Irgendwann war auch dieses Hoch vorbei. Bootsmann ging an Land, zum Bahnhof, musste mit der Bahn nach Hamburg zurück. »Vielleicht kehre ich auf dem Weg bis zum Bahnhof ja noch irgendwo ein«, sagte er zum Abschied. Ich allerdings kehrte auch ein, kroch zu meiner Familie ins warme und kuschelige Bett, um vielleicht doch noch eine Stunde zu schlafen, bevor wir alle wieder von den lieben Kleinen geweckt würden.

So ging eine schöne, von ihrer Art her vertraute Nacht zu Ende. Unzählige Male war ich, nachts oder am frühen Morgen, an Cuxhaven vorbeigesegelt, als ich noch ein Teenager war, mit der Yacht meines Vaters und mit meinen Kumpels an Bord, von Hamburg kommend auf dem Weg nach Helgoland. Einen Sommer lang waren wir fast jedes Wochenende, sofern Wind und Tide es zuließen, zum »roten Felsen« gesegelt. Regelmäßig wie eine Fähre: Freitagabend los, Samstagmittag ankommen, Sonntagmorgen wieder los und Sonntagabend wieder in Hamburg einlaufen. Und doch war jedes Wochenende anders, einzigartig, je nach Wetter, Tide und Mitseglern. Später segelte ich dann wieder zum Felsen, aber nicht mehr so regelmäßig, in meinen verschiedenen eigenen Schiffen. Nur selten allerdings, meistens nur wenn das Wetter besonders schlecht war, habe ich dabei Cuxhaven angelaufen.

An diesem Morgen begrüßte uns der Hafenmeister hier sehr freundlich, aber unter anderem auch mit den Worten: »Euer Schiff ist leider nun wirklich etwas zu groß – zu schwer – für meinen Hafen!« Der Schwimmsteg, an dem wir festgemacht hatten, erklärte er, würde bei aufkommendem Wind von unserer 70 Tonnen verdrängenden »Pippilotta« wohl einfach auseinandergerissen werden – gemacht war er für fragile Yachten von maximal 12 Meter Länge und nur einer Handvoll Tonnen Gewicht. Boote wie Luftpostbriefe, sozusagen. Wir blickten nach draußen, der Himmel war aufgerissen, die Sonne wärmte – aber die Wolken segelten verdächtig schnell von West nach Ost über unsere Köpfe hinweg. Der Hafenmeister wusste es schon, der in seinem Büro aushängende Wetterbericht bestätigte es natürlich. Sturm war angesagt für die nächsten Tage, während ein Tief nach dem anderen vom Atlantik her hereinwehen würde.

Meine Befürchtung vom frühen Morgen verfestigte sich. Bei diesem Wetter würden wir nicht in das Wattenmeer kommen. Denn dazu müssten wir zuerst die Mündungen der Elbe, Weser und Jade überqueren. Ungeschützt, rau, viel Seegang bei diesem Wetter, meist brutale Grundseen auf sich verlagernden Sandbänken – oder ganz außen herum laufen, im tiefen Fahrwasser eines der meistbefahrenen Schifffahrtswege, mit ebenso grobem Seegang. Kurz: nichts für uns. Für diesen kritischen Abschnitt der Reise hätten wir auf einen ruhigen Tag warten müssen. Und der war, zumindest in der Woche, die uns zur Verfügung stand, nicht in Sicht.

Also eine Woche in Cuxhaven verbringen? Wohl kaum. Es blieb nur eins und so kam es, wie es kommen musste: Rückzug. Von wegen, niemals! Auf nach Brunsbüttel, durchgeschleust und auf die vergleichsweise geschützte Ostsee. Hätten ... ja, hätten wir es nur gleich gewusst. Oder geahnt und danach gehandelt, um Mitternacht, als die Tide und das Wetter gegen uns kippten und die Lichter der Schleusen so nah und einladend waren. Wir hätten uns viel Zeit und Treibstoff sparen können, wären wir gleich in den Kanal hineingeschleust. Aber was soll's. Hätten, wäre, wenn ... zum Glück oder auch nicht ist man nun einmal kein Hellseher.

So segelten wir vor der auffrischenden Brise und mit dem Rest der auflaufenden Flut nach Brunsbüttel zurück. Fünf Stunden gegen angekämpft! Ich mochte gar nicht daran denken, aber dann fiel mir wieder ein, wie gut Bootsmann und ich uns morgens in Cuxhaven gefühlt hatten. Umsonst war es nicht gewesen.

Jedenfalls waren wir schneller zurück in Brunsbüttel als in fünf Stunden. Vor den Schleusen tummelten sich allerhand Schiffe, wir bargen das Großsegel und motorten vorsichtig hinter dem Heck eines Containerfeeders zur alten, südlichen Sportbootschleuse. Die Schleusen und der Kanal sind ja immer wieder spannend, nicht nur für die Kinder, sondern auch für uns »Große«. Immerhin ist dies die meistbefahrene Wasserstraße der Welt, noch vor dem Panama-Kanal; im Durchschnitt fahren 118 Schiffe durch den Nord-Ostsee-Kanal (kurz: NOK; englisch: Kiel Canal) – Tag für Tag! Das macht rund 43 000 Schiffe im Jahr, hinzu kommen noch einmal an die 20 000 Yachten und Motorboote, die auf diesem Wege von der Nord- zur Ostsee und auch wieder zurück gelangen. Kein Wunder also, dass es vor den Schleusen und auch im Kanal selbst öfters mal eng wird!

Auch wir waren froh, dass wir bei der bescheidenen Wetterlage durch das Binnenland zur Ostsee gelangen konnten. Und mussten dafür dem ollen Bismarck dankbar sein. Der Reichskanzler des Kaisers Wilhelm I. hatte das Projekt einst vorangetrieben, gegen große Widerstände und zahlreiche Bedenkenträger natürlich. Auslöser für die Kanalideen war der Deutsch-Dänische Krieg 1864. Otto von Bismarck erkannte die Lage und wollte einen Schifffahrtsweg schaffen, auf dem die deutsche Kriegsmarine von der Nordsee in die Ostsee und zurück käme – ohne unterwegs von dänischen Kanonen belästigt zu werden. Aber auch zehn Jahre später war noch kein Spatenstich getan, der berühmte General von Moltke (»Nur wenige Pläne halten dem Kontakt mit dem Feind stand«) schrieb leidenschaftlich gegen den Kanalbau an. Eine Landratte offenbar, deren strategisches Denken wohl am Strand endete.

Doch im Reichskanzler, nebenberuflich auch Namensgeber des norddeutschen Bismarck-Herings, hatte er einen formidablen Gegner, der nicht lockerließ. 1878 wurden neue Pläne für den Kanal geschmiedet, übrigens schon ziemlich genau entlang der heutigen Strecke von Kiel-Holtenau über Rendsburg nach Brunsbüttel, insgesamt 98,6 Kilometer. Der militärische Nutzen stand noch immer im Vordergrund, Wilhelm I. billigte schließlich den Bau des teuren Kanals – ausdrücklich in einer Größe, die das Passieren seiner Kriegsschiffe erlauben würde. 156 Millionen Goldmark ließ er sein Volk dafür zahlen!

Jedenfalls, es war sein Enkel, Willy zwo, der marine- und segelbegeisterte Halbengländer, der den »Kaiser-Wilhelm-Kanal« 1895 feierlich eröffnen durfte. Und es nützte nicht nur den

Kriegern. Die Öffnung des Kanals trug maßgeblich zur Internationalisierung der ebenfalls in jenen Jahren von Wilhelm II. gegründeten Kieler Woche bei. Vom Schlachtschiff bis zum Containerfeeder: Diese kleinen Schiffe, die Container aus dem Ostseeraum ranschaffen und sie dann in Hamburg oder Rotterdam auf die großen Ozeanriesen umverteilen, machen heute den Löwenanteil des kommerziellen Kanalverkehrs aus – neben den Yachten und Segelbooten. Wie doch das Leben und die Weltgeschichte so spielen. Apropos Weltgeschichte: 1948 wurde der Kanal umbenannt, seitdem heißt er schlicht Nord-Ostsee-Kanal, kurz NOK.

Während des Abendessens fuhren wir in die Schleuse ein (das Essen wurde unterbrochen), eine gute halbe Stunde später fuhren wir auf den Kanal hinaus. An diesem Abend gelangten wir noch bis zur Schleuse in den kurzen Gieselau-Kanal, über den man in den schiffbaren Teil der Eider gelangt – von hier könnte man an Friedrichstadt und Tönning vorbei und durch das Sperrwerk in der Eidermündung hindurch wieder auf die Nordsee hinausfahren.

Wollten wir natürlich nicht. Wir machten außen an den hölzernen Dückdalben vor der Schleuse fest. Es wurde ein zauberhafter Abend, still, kühl, mit leichtem Nebel über dem Wasser. Es hatte nur einen Fehler, denn es fühlte sich an wie tiefer Herbst.

Früh am nächsten Morgen ging es weiter, ich wollte endlich auf die Ostsee. Mit einer Mug Kaffee ging ich an Deck, warf die Maschine an, löste alle Leinen bis auf die Achterspring, legte dann den Rückwärtsgang ein und beobachtete, lässig und Kaffee schlürfend, wie sich »Pippilotta« auf dem engen Raum wie zum Erstellen einer Deviationstabelle brav um den Pfahl drehte.

Bis der Steven und der Klüverbaum nicht mehr zur Schleuse, sondern Richtung Ausfahrt zeigten. Cool, oder? So einfach könnte es eigentlich immer sein – wenn ich erst noch so zehn oder zwanzig Jahre Übung im Manövrieren dieses Schiffes habe, vermutlich.

Auf dem Kanal war dann alles wie gewohnt von vielen anderen Kanalfahrten in diversen Schiffen. Nur, hier war ich zunächst alleine an Deck, festgekettet an das Steuerrad. Die anderen frühstückten unter Deck, ich bekam Kaffee und Toast hinausgereicht, dann war ich mit »Pippilotta« und dem Kanal und meinen Gedanken abermals alleine. Aber auch das tat gut. Die Gedanken während der Kanalfahrten. Auch schon während früherer Fahrten in anderen Schiffen, mit anderen Gefährten. Sie schweifen ab, die Gedanken, gehen auf Wanderschaft, weil man ja hier kaum andere Impulse bekommt, die einen ablenken könnten. So tauchen auch immer wieder die Fragen auf: Was will man, wer und was ist man, wo will man hin, mit dem Schiff und sich selbst und im Leben überhaupt?

Was ich wusste, war das hier. Die Sehnsucht nach einem einfachen Leben war es, die mich immer wieder an Bord zog. Klar, stark, eindeutig. Ohne Zweifel und Widersprüche. Einfach nur übersichtlich und gut. Das home mag für viele vielleicht tatsächlich ihr castle sein, aber mein Schiff ist dann, wenn ich unterwegs bin, meine Welt. Reduziert auf das Wesentliche, auf das, was ich kenne, und auf das, was ich gut finde.

Welch ein Kontrast zum Kanal war es, als sich dann endlich die Schleusentore in Kiel-Holtenau öffneten. Die Kieler Förde war ein Genuss, wie immer, wenn man von der grauen Elbe kommend auf die klare, blaue, salzig schäumende Ostsee hinaussegelt. Weit kamen wir aber dennoch nicht. Die Sonne schien, aber der Wind pfiff. Heftig. Auf der Förde waren wir noch gut geschützt. Einen Tag blieben wir in Holtenau an der Pier liegen, dann fuhren wir weiter bis Strande an der Kieler Außenförde. Von hier aus eben um die Ecke herum, hinter dem Leuchtturm von Bülk, geht es hinaus auf den Stollergrund und die »freie« Ostsee. Der Horizont war klar und weit, die Luft schmeckte nach See und Salz, auch sonst war hier schon alles wie im Urlaub. An Land gab es verschiedene Fischbuden, eine breite Mole, viele Schiffe im Hafen und dahinter einen breiten Strand mit Strandkörben und einem Spielplatz. Toll war es hier, für die Kinder machte es sowieso keinen Unterschied, ob wir nun in diesem Hafen lagen oder zum Beispiel irgendwo in Dänemark. Also blieben wir, verlebten einen sonnigen Strandtag, danach einen sommerlichen Regentag. Kauften Eis an der Schiffstankstelle, neben der wir festgemacht hatten und wo wir auch gleich den Dieseltank voll bunkerten. Einen Abend erlebten wir den Weltuntergang (zum Glück nicht den Schiffsuntergang) mit einem gewaltigen Gewitter, Hagel, ungeheuren Sturmböen in einer pechschwarzen Nacht, die nur von grellen Blitzen durchzuckt wurde. Am nächsten Tag war dann alles, als sei nichts gewesen, wir verlebten einen weiteren Ferientag. Und noch einen, bis unsere Freunde über Land abreisten, weil sie keine Zeit mehr hatten. Spätabends am gleichen Tag, als Anke und die Kinder und ich alle schon schliefen, kam Eva als »Ablösung« an Bord. Und dann, gleich am nächsten Tag, wurde es auch schon wieder Zeit für uns, nach Hamburg aufzubrechen. Wieder durch den Kanal, bis Glückstadt zunächst.

Dann, beim Anlegen in Glückstadt, rächte sich ein grober Fehler. Schleppe niemals dein Beiboot! Bei jedem Manöver ist es im Weg. Und dann auch noch das: Von Brunsbüttel aus bis

Glückstadt fuhren wir unter Maschine, bei Sturm und Regen und einigem Seegang, selbst auf der Elbe. Die Folge – als wir in Glückstadt ankamen, war das Beiboot, das wir wie immer hinterherschleppten, fast vollgeschlagen. »Gut, dass es noch schwimmt, da haben wir ja mal Glück gehabt«, dachte ich noch. Mr. Murphy wusste es natürlich besser. Weil das Beiboot so tief im Wasser lag und nicht mehr richtig aufschwamm, geriet es beim Manövrieren zum Anlegen beim Rückwärtsgeben in die Schraube. Rums, würg, ächz. Dann war alles vorbei: Ruder blockiert, Maschine aus. Der Alptraum, der Super-GAU. Hier allerdings, kaum dass wir es verdient hätten, mit unverschämt viel Glück im Unglück: Der Wind trieb uns genau an den Platz, an dem wir sowieso festmachen wollten, nämlich längsseits eines an der Spundwand liegenden Schwimmbaggers. Als wir daran vorbeitrieben, bekam ich eine Leine auf dem Bagger belegt und konnte das Schiff damit aufstoppen, mit nur einem kleinen »Rums« kamen wir längsseits zu liegen.

Dann ging ich ins Wasser, zum größten Vergnügen meiner Mannschaft badete ich im Hafen! Säbelte dabei mit dem schärfsten Küchenmesser die zahlreichen Leinen los, die sich um die Schraube gewickelt hatten. Das Beiboot, gekentert und nur knapp an der Oberfläche schwimmend, war so schwer, dass wir es alleine nicht bergen konnten. Just dann ging ein schöner Traditionssegler bei uns längsseits, es war der historische Ewer »Catharina« aus Hamburg. An Bord war eine vollzählige, kräftige, frische Crew – wie von uns bestellt! Mit diesen vielen helfenden Hände war es eine Frage von zehn Minuten oder weniger, das kaputte, aber reparable Boot aus dem Wasser zu hieven und bei uns an Deck zu legen. Trotz allem heißt es also: Glück muss man haben.

Teil 2
PLANEN

Binnen und buten
≈≈≈≈≈≈≈≈≈≈≈≈≈≈≈≈≈≈≈≈≈≈≈≈

Scheinbar reglos liegt das Schiff im Strom. Die Ankerkette der »Libje« ist straff gespannt, das Wasser strömt am Bug vorbei, als würden wir fahren, dabei liegen wir fest. In der Haseldorfer Binnenelbe, unter einem blauen, heißen Sommerhimmel, aus dem die Sonne so auf unser Deck knallt, dass wir den Sonnenschirm über unserer »Terrasse« aufgespannt und den Roséwein kalt gestellt haben. Für unseren kleinen Sohn Ole, zwei Jahre alt, haben wir sogar ein aufblasbares Planschbecken mit frischem Wasser gefüllt, gemeinsam mit ihm plätschere ich darin herum, es ist wunderbar. Freunde von uns sind mit ihrem Segelboot gekommen, sie haben ihr Boot längsseits an unserem Wohnschiff festgemacht und sitzen nun im Schatten des Sonnenschirms und genießen den wohltemperierten Wein. Ich schaue auf die von Schilf bestandenen Ufer, dichtes, undurchdringliches Grün wie am Amazonas, das Wasser ebenso braun wie das dieses großen Flusses, und plötzlich erscheint mir alles irgendwie unwirklich. Vor rund 25 Jahren haben meine damaligen Kumpels und ich hier oft mit den Jollen gelegen, die wir damals, als Jugendliche, auf der Elbe segelten. Nun, nach vielen Jahren des Umherwanderns und Umhersegelns in der Welt, bin ich wieder da, diesmal mit Frau und Kind und Haus, sozusagen. Genau an dieser Stelle ankerten wir oft an den Wochenenden, hinter der kleinen, dicht bewachsenen Elbinsel in diesem kleinen Nebenfahrwasser der Elbe, auf der draußen im Hauptfahrwasser jenseits der Insel die Containerriesen und andere Schiffe vorbeiziehen. Wir sind in einer kleinen Welt für uns, vor allem wenn bei Ebbe das Wasser fällt, bis nur noch ein kleines Rinnsal übrig ist zwischen schwarzen Schlickbänken, die dann beiderseits aus dem Wasser auftauchen. Dann ist auch von der Welt jenseits der Insel nichts mehr zu sehen, nichts mehr zu hören, für wenige Stunden hört sie auf zu existieren. Wir sind nicht weit flussab von Hamburg, mit unserem Wohnschiff vielleicht zwei, drei Stunden Fahrt; mit den Jollen damals dauerte es länger, diese Strecke zu segeln, vor allem wenn der Wind nicht wollte. Dann konnten Hamburg und unser Hafen schon verdammt weit weg sein, das ist heute anders. Überhaupt – damals haben wir auf den Bodenbrettern der Jollen die Luftmatratzen und Schlafsäcke ausgebreitet, unter der Persenning, jetzt bin ich mit meinem schwimmenden Haus hier. Ist dies das maritime Äquivalent zum Hausbesitzer in Suburbia? Bin ich alt, arriviert, angekommen?

Nein, sicher nicht – schon, weil ich heute, noch einmal zehn Jahre weiter, immer noch auf dem Wasser leben möchte, nicht sesshaft, sondern: segelnd. Dazu später mehr, aber damals waren dieser Moment und dieses Schiff, genau richtig. An diesem Tag hätten wir auch tatsächlich im Amazonas, im andalusischen Guadalquivir, im guatemaltekischen Rio Dulce oder wo auch immer ankern können, es hätte kaum einen Unterschied gemacht. Wir waren frei, lebten auf unserem fahrenden, mobilen Wohnschiff, Freunde waren angesegelt gekommen, die Gesellschaft war gut, die Sonne heiß, der Wein kalt und was morgen sein würde, kümmerte mich nicht. In einem Wort: perfekt.

Aber wie wohl jegliche Perfektion war auch dieser Zustand nicht von Dauer. Dabei war dieses Schiff mittlerweile ziemlich ideal umgebaut. Mit bordeigenem Klärwerk, nagelneuem Badezimmer inklusive Wanne, einem hölzernen Podest für den Esstisch und die sechs Stühle drum herum, damit man auch im Sitzen durch die Fenster hinaus auf das Geschehen draußen im Hafen oder auf dem Wasser blicken konnte. Die moderne und sehr effiziente Öl-Zentralheizung hatten wir einbauen lassen, Navigationslichter mussten wir ebenso nachrüsten wie die Terrasse über der Ladeluke, auf der wir so viele wunderbare Sommertage verbrachten. Das Steuerhaus hingegen blieb unverändert, die alte »Schifferunterkunft« ganz hinten ebenso; im Maschinenraum hingegen schafften wir es, noch neue Tanks für Heizöl irgendwo in eine Ecke zu quetschen. Für den großen, gemütlichen Wohnraum vorne unter der Ladeluke hatten wir einen neuen Kaminofen angeschafft, und das war es dann: So konnte man wunderbar an Bord leben. Mehr brauchten wir wirklich nicht, es gab sogar Rückzugsmöglichkeiten, wenn man mal für sich sein und ein Buch lesen wollte: auf der Bank im Steuerhaus oder in der Achterkabine. Und im Sommer natürlich auch immer an Deck.

»Libje« war, mit anderen Worten, perfekt zum Bewohnen. Gemütlich, komfortabel, kompakt, bezahlbar, einfach zu bewegen. Was sie leider nicht konnte, war segeln. Oder in freiem Wasser bei viel Seegang unterwegs sein. Gebaut worden war sie einst für die Binnengewässer und dort konnten wir nun, wie sich herausstellte, auch nicht fahren. Nicht legal, nicht auf den Binnenwasserstraßen Deutschlands, ja, streng genommen noch nicht einmal im Ausland. Wieder lernte ich etwas Neues, mit dem ich überhaupt nicht gerechnet hatte. Die Binnenwasserstraßen sind nämlich noch weitaus stärker reglementiert und mit strengeren Vorschriften und Gesetzen belegt als die Seeschifffahrtsstraßen; also einfach gesagt die Küstengewässer. Mit meinem Sportbootführerschein durfte ich »Libje« binnen jedenfalls nicht fahren. Damals musste man für jedes Schiff von mehr als 15 Meter Länge auf den Binnengewässern ein »Sportpatent« haben, oder auch »Schifferpatent Klasse E«. Jedenfalls solange es unter 25 Meter lang war. Darüber musste man, auch für ein privat genutztes Sportboot, als Deutscher das volle Berufspatent der professionellen Binnenschiffer haben. Eine Berufsausbildung also, die eine mehr als vierjährige Fahrzeit auf Berufsschiffen voraussetzt und die man kaum neben dem selbst ausgeübten Beruf noch absolvieren kann.

So wild war es bei »Libje« mit ihren 24,5 Meter Länge zum Glück nicht, aber auch das Sportpatent wollte ich nicht noch extra machen: Ein findiger Veranstalter, der so eine Art private Seefahrtsschule betrieb, bot mir wiederholt entsprechende Kurse an, nachdem er erst einmal »Libje« gesehen hatte. Soweit ich mich erinnern kann, hätten die Kurse Wochen in Anspruch genommen, Vollzeit wohlgemerkt, und einige tausend Euro gekostet. Das war kein Spaß und vor allem keiner, den ich mir zeitlich oder auch finanziell hätte leisten können oder wollen. Zumal das dann sowieso nur die halbe Miete gewesen wäre. Denn auf vielen deutschen Binnengewässern muss man sich zusätzlich zum Patent noch eine sogenannte Streckenkunde aneignen. Nicht jede Binnenschifffahrtsstraße darf man so einfach mit dem Sportpatent befahren.

Beispielsweise auf der Elbe oberhalb des Hamburger Hafens, auf der Unteren Havel Wasserstraße, auf Abschnitten der Oder, Donau und Saale sowie auf dem Rhein müssen Streckenkenntnisse in einer gesonderten Prüfung nachgewiesen werden. Das ist zeit- und kostenaufwändig, denn bevor man sich überhaupt zur Prüfung anmelden kann, müssen bestimmte Fahrtzeiten auf den entsprechenden Strecken absolviert werden; natürlich mit einem Kapitän an Bord, der dieses Zertifikat bereits in der Tasche hat. Seither hat sich die Situation allerdings etwas gebessert, denn nach einer Reform des Führerscheinwesens auf dem Wasser dürfen nun auch Binnenschiffe bis 20 Meter Länge mit dem Sportbootführerschein Binnen gefahren werden: Damit kann man schon das eine oder andere Wohnschiff legal bewegen.

Für uns jedenfalls schienen die Träume erst einmal ausgeträumt zu sein, mal nach Berlin zu fahren mit unserem Haus, mal nach Paris oder gar Prag und weiter … ganz neue Abenteuer hätten sich da für mich aufgetan, der bisher doch nur auf freiem, mehr oder weniger tiefem blauen Wasser unterwegs gewesen war. Besonders ärgerlich empfand ich das immer dann, wenn ich auch noch an unsere Freunde David und Anna in London dachte. Die planten fröhlich lange Reisen durch alle europäischen Binnengewässer, und als Engländer war ihnen die Problematik eines Führerscheins oder gar Patents völlig unbekannt. Ein Engländer braucht für sein privates Sportboot keinen Führerschein, egal, wie groß es ist, und egal, wo er damit herumfährt. Auch in den Niederlanden beispielsweise ist die Lage in dieser Hinsicht sehr viel entspannter. Private Schiffe bis mindestens 30 Meter Länge kann man dort mit einem sogenannten Fahrbeweis führen, ein Führerschein, der, das versicherten mir jedenfalls Freunde aus Amsterdam, wesentlich einfacher zu erhalten sei als der deutsche Sportbootführerschein.

All das nützte mir aber nichts, denn auch in den Niederlanden oder England müsste ich strenggenommen als Deutscher nach den deutschen Gesetzen fahren – also mit dem entsprechenden Patent. Auch meine schöne niederländische Flagge am Heck brachte mich hier nicht weiter – entscheidend sei, sagte man mir damals auf diversen Ämtern, die Nationalität des Schiffsführers. Und da ich nun einmal einen deutschen Pass habe, verfolgen mich die deutschen Gesetze im Kielwasser. Und das gilt auch andersherum. David, der Engländer, muss vermutlich kein deutsches Patent machen, wenn er mit seinem Schiff durch die deutschen Binnengewässer fährt ...

Allerdings muss sein Schiff dann unter Umständen doch den deutschen Vorschriften genügen; darüber gingen die Meinungen bei unterschiedlichen Wasser- und Schifffahrtsdirektionen auseinander, als ich sie damals dazu befragte. So meinte die WSD-Nordwest: »Es gelten die Bestimmungen des Heimatlandes, bis zu einem Jahr dürfen sich ausländische Schiffe bei uns aufhalten.« Die WSD-Nord sah das schon etwas anders: »Ausländische, privat genutzte Binnenschiffe unterliegen den in Deutschland geltenden Rechtsvorschriften.« Allerdings: »Für das Befähigungszeugnis gilt ab einer Länge von (damals) 15 Metern die Binnenschifferpatentverordnung, die aber im Rahmen der EG-Richtlinien Befähigungszeugnisse als gleichwertig anerkennt.« Noch anders sah es die WSD-West: »Die Vorschriften ... gelten für alle Verkehrsteilnehmer unabhängig von ihrer Nationalität.« Und weiter: »Für ein Sportboot von 15 Meter bis zu einer Länge von 24,99 Meter gibt es keine Gastregelung. Für diese Fahrzeuge ist ein Sportpatent bzw. ein Sportschifferzeugnis erforderlich. Daneben gibt es für ein Fahrzeug von mehr als 20 Meter Länge oder bei einem Produkt von mehr als 100 (Länge x Breite x Tiefgang) eine Attestpflicht nach der Rhein- bzw. Binnenschiffsuntersuchungsordnung.« Offen blieb, wie

solche Bedingungen von ausländischen Besuchern erfüllt werden können. Den zuständigen Beamten bei der WSD-Südwest kümmerte das offenbar wenig. »Ein ausländisches Schiff ohne entsprechendes Schiffsattest muss sich in deutschen Gewässern einer Untersuchung unterziehen. Erfüllt es die Normen, ist alles klar. Wenn nicht, heißt es: Nachrüsten oder umkehren!«
Aktuell gilt für deutsche Schiffe laut freundlicher und ausführlicher Auskunft durch die »Generaldirektion Wasserstraßen und Schifffahrt« in Magdeburg Folgendes:

»Mit einer Länge von 20 m und mehr ist ein Fahrzeug auf Binnenschifffahrtsstraßen des Bundes ein Fahrzeug und kein Kleinfahrzeug, woraus sich darüber hinaus die nachfolgend aufgeführten wesentlichen Vorgaben ergeben:
Wesentliche Anforderungen an das Fahrzeug:

• Das Fahrzeug ist untersuchungspflichtig gemäß Anhang II § 1.02 der Binnenschiffsuntersuchungsordnung (BinSchUO)

• An Bord sind Dokumente gemäß § 1.10 der BinSchStrO mitzuführen.

• Das Fahrzeug ist mit einer UKW-Sprechfunkanlage, geeignet für den Sprechfunkverkehr im Binnen- und Seebereich gemäß § 4.05 der Binnenschifffahrtsstraßenordnung (BinSchstrO) auszurüsten.

• Gefordert wird gemäß § 4.07 der BinschStrO die Ausstattung mit Inland AIS und Inland ECDIS.

• Gemäß §§ 6.30 bis 6.34 der BinSchStrO ist für die Fahrt bei unsichtigen Wetter auf bestimmten Wasserstraßen die Ausrüstung mit einer Radaranlage gemäß § 4.06 der BinSchStrO erforderlich.

• Das Fahrzeug ist mit Schallgeräten zur Abgabe von Schallzeichen gemäß § 4.01 der BinSchstrO auszustatten.

- Das Fahrzeug ist gemäß Anlage 3 der BinSchStrO mit Tag- und Nachtbezeichnungen auszustatten.

Wesentliche Anforderungen an den Schiffsführer:
- Bei einer Länge von 20 m bis weniger als 25 m ist für das Befahren von Binnenschifffahrtsstraßen ein Sportschifferzeugnis oder ein Sportpatent gemäß § 7 der Binnenschifferpatentverordnung, bzw. Anlage 1 Teil III Kapitel 6 und 7 der Rhein-SchPersV erforderlich, wobei zum Befahren des Rheins nur das Sportpatent berechtigt.
- Darüber hinaus ist, soweit erforderlich, der Nachweis der Streckenkunde durch ein Streckenzeugnis gemäß den vorgenannten Verordnungen zu erwerben.
- Im Bereich der Seeschifffahrtsstraßen kann ein Sportboot ohne Längenbegrenzung mit einem Sportbootführerschein gemäß SpFV geführt werden.
- Zum Führen von Sportfahrzeugen mit einer Länge von 25 m und mehr berechtigen weiterführende ›Patente‹ gemäß BinSchPatentV bzw. RheinSchPersV entsprechend ihres Geltungsbereiches (See und/oder Binnen) in Verbindung mit den ggf. erforderlichem ›Streckenzeugnis‹.
- Die Schiffsführer benötigen über das ›Patent‹ hinaus ein Funkzeugnis und ggf. ein Radarpatent.«

So weit die Auskunft der Generaldirektion Wasserstraßen und Schifffahrt. Bei der Frage, wie mobil man mit seinem Wohnschiff sein möchte, spielen solche Vorschriften und Gesetze jedenfalls eine große Rolle und es ist zu empfehlen, sich vor einem möglichen Schiffskauf damit zu beschäftigen. Ich hatte das damals nicht getan, aber ich hatte wohl auch zu viele Jahre in glücklicher Ahnungslosigkeit im Ausland verbracht, wo dies eher keine Themen waren, über die sich Schiffseigner ihre Köpfe zerbrachen. So ergab es sich für uns, dass wir mit unserem frisch gekauften Binnenschiff keine Binnenwasserstraßen befahren würden. Es blieben die Küstengewässer, also die Unterelbe unterhalb Hamburgs, das Wattenmeer, theoretisch auch der Nord-Ostsee-Kanal (eine Seeschifffahrtsstraße) und, vielleicht und mit Einschränkungen, die Ostsee. Zwar ein begrenztes, aber eigentlich auch kein schlechtes Fahrtgebiet. Vor allem, wenn man bedenkt, dass wir »Libje« ja vor allem zum Wohnen in Hamburg angeschafft hatten. Und für gelegentliche Ausfahrten auf der Elbe, wie eingangs beschrieben zum Beispiel in die Haseldorfer Nebenelbe. Einmal kamen wir an einem längeren Wochenende sogar bis nach Neuwerk, was immerhin mal eine neue Erfahrung für mich war, denn mit der normalen Segelyacht kommt man da, wo bei Niedrigwasser sämtliches Wasser weg ist und die Boote auf dem Trocknen liegen, nicht hin. Aber davon abgesehen? Ja, noch einmal: »Libje« war als Wohnschiff gekauft und als solches perfekt. Aber sie ist eben auch ein Schiff. Und ein Schiff ist ein Versprechen, eine Verheißung und eine Herausforderung. Es will nicht nur im Hafen liegen, und wenn wir noch so sehr darauf wohnen und eigentlich sesshaft sind und ich einen kleinen Sohn und eine Familie habe. Die Verlockung bleibt, die Tatsache: Schiffe fahren. Zu neuen Ufern und Abenteuern. »Ships and crews rot in port« heißt es in England, und das stimmt, nicht nur dort: Schiffe und Besatzungen verrotten im Hafen.

Das war ein Problem, an das ich vorher gar nicht gedacht, mit dem ich gar nicht gerechnet hatte.

Segel oder Motor
≈ ≈

Eigentlich ist es doch völlig klar – natürlich möchte man lieber segeln. Also ich jedenfalls. Auf jedem halbwegs freien Gewässer ist es einfach unendlich langweilig, stur dahinzumotoren. Auf Binnengewässern, in schmalen Kanälen und Flüssen ist es sicher anders. Aber die durften wir ja mit »Libje« nicht befahren. Und auf See, nein, da muss man segeln. Außerdem möchte man ja zukunftsweisend Teil der Lösung und nicht Teil des Problems sein. Wo sogar schon immer mal wieder echte Frachtsegler im Gütertransport fahren, um zu zeigen, dass auch dies geht und möglich ist! Ja, die größten Dreckschleudern sind natürlich Containerriesen und Kreuzfahrtschiffe und diese Kaliber, die mit billigem Schweröl fahren und damit die Luft verpesten und unser Klima zerstören. Dagegen wirkt der moderne Bootsdiesel schon sehr umweltschonend. Es gibt Motorboote, die in Verdrängerfahrt gemütlich mit fünf bis sechs Knoten dahintuckern und die dabei so wenig Diesel verbrennen, dass sogar ich es mir leisten könnte, damit von A nach B zu kommen, und die nun wirklich keine nennenswerte Belastung der Umwelt darstellen.

Selbst die Maschine von »Libje« begnügte sich, je nach Drehzahl und Wind- und Wetterverhältnissen, mit sechs bis zehn Litern pro Stunde bei geruhsamer Marschfahrt. Für ein 24-Meter-Schiff ist das nicht schlecht, doch kleinere Motorboote mit modernen Maschinen sehen in dieser Hinsicht natürlich noch viel besser aus.

Und doch: Dieselmotoren sind nun einmal, wie alles, was fossile Brennstoffe verbraucht, Auslaufmodelle. Selbst wenn wir noch zwanzig oder dreißig Jahre lang Diesel zu halbwegs erschwinglichen Preisen zur Verfügung hätten. Aber andererseits steht ja auch immer die Frage im Raum, wie viel man mit seinem Wohnschiff denn wirklich fahren möchte – wer 360 Tage im Jahr mit dem Schiff an seinem Liegeplatz bleibt, muss sich um diese Fragen jedenfalls keinen Kopf machen, sondern sich höchstens um die Lebensdauer seiner Maschine sorgen: Motoren laufen sich nicht kaputt, sie stehen sich kaputt.

Und Segeln? Ist auch nicht so einfach. Im Grunde natürlich schon, aber ab einer gewissen Dimension wird es auch ein Thema. Nehmen wir mal an, eine junge Familie möchte an Bord wohnen, auf etwa 25 Meter Schiffslänge. Eine moderne Segelyacht dieser Größe lässt sich vermutlich alleine per Knopfdruck segeln, aber die fällt für die allermeisten aus jedem noch so großzügigen Budgetrahmen. Traditionsschiffe dieser Größe hingegen, die wohl am ehesten als Wohnschiffe in Betracht kommen, sind dagegen schon komplex. Unsere »Pippilotta« zum Beispiel. Getakelt als Gaffelketsch, also Groß, Besan, zwei Vorsegel. Seitenschwerter. Mit zwei, drei sportlichen und kräftigen Menschen kann man so etwas natürlich segeln, mit Bedacht und Umsicht und wenn man generell weiß, was man tut. Aber dieses Rigg! Der Aufwand, das alles nur halbwegs in Schuss zu halten! Hölzerne Spieren, viele davon – zwei Bäume, zwei Masten, zwei Gaffeln, ein Klüverbaum – wollen lackiert oder geölt werden, damit sie nicht rotten. Dazu Kilometer von stehendem und laufendem Gut. Drähte, die gepflegt werden müssen, damit sie nicht rosten. Fallen und Schoten, die nicht schamfilen, also scheuern, dürfen. Beschläge, Stagreiter, Winschen, Klampen wollen gemalt und gangbar gehalten werden. Schließlich -zig Holzblöcke. Sie alle müsste man eigentlich im Winter abmontieren, unter Deck nehmen, schleifen und lackieren und, wo nötig, gangbar machen. Irgendwann gibt man auf, schwenkt die weiße Flagge, kann nicht mehr – jedenfalls, wenn man auch noch einen normalen Job zum Broterwerb und eine Familie mit Kindern hat, um die man sich ja auch kümmern sollte. Ein Motorschiff zu erhalten ist dagegen wirklich ein Klacks.

Und ein immobiles Hausboot ohne eigenen Antrieb ist zumindest beim Thema Pflege und Unterhalt der wahre Traum. Es ist, wie immer bei Booten oder Schiffen, alles ein Kompromiss. Weil immer alles mit allem zusammenhängt, ist es ein ewiges hier Nehmen, dafür dort etwas Geben. Viel Mobilität und viel Platz bedeuten fast immer auch viel Aufwand im Betrieb. Oder aber hohe Kosten bei der Anschaffung, oder beides. Wer die Mobilität höher schätzt als den Platz an Bord, kann natürlich mit kleineren Booten und entsprechend viel weniger Aufwand weitaus glücklicher werden. Die meisten Segelboote sind doch bestens auch zum Wohnen geeignet. Während ich dies schreibe, wohne ich an Bord meiner 11-Meter Segelyacht. Auf dieser Größe, oder auch auf 12 oder 13 Metern Länge, kann man alleine oder zu zweit wirklich komfortabel wohnen und wunderbar segeln. Dabei hält sich der Pflegeaufwand, zumindest bei einem Kunststoffschiff mit Alumast und Wanten aus Nirostadraht und Tauwerk aus Kunstfasern, in sehr überschaubaren Grenzen.

Das gilt übrigens auch für den Energieverbrauch. Aber es geht ja immer noch viel besser. Mit dem eigenen Boot vollkommen autark sein, unabhängig von fossilen Brennstoffen und vom Landstromkabel sowieso, also mit einem neutralen »carbon footprint« und doch mit allem Komfort vom Wassermacher bis zum Geschirrspüler – das ist schon jetzt machbar.

Ich erlaube mir zur Erinnerung an einen besonderen Mann einen Blick in Gegenwart und Zukunft des möglichen Lebens auf Schiffen und Booten, die über die Frage hinausgehen, ob wir Motor oder Segel benutzen. Auf weitergespannte Gedanken kommt man, wenn man einmal im Weltall war! Das verändert einen von Grund auf. Dr. Wubbo Ockels war Segler, Physiker und Astronaut. 1985 war er auf der Raumfähre Challenger im All: »Das ist wie bei einer Olympiade«, sagte er in einem Interview, das ich im Jahr 2012 mit ihm führte: »Jahrelanges Training, für nur eine Woche im Weltall!« Immerhin änderte diese eine Woche sein Leben. Besser gesagt die Erkenntnis, die ihn dort oben traf: Nicht das All ist einzigartig, sondern der Blaue Planet, unsere Erde, ist es – und sie ist verletzlich und fragil dazu. »Das wirklich Interessanteste an meinem Flug war die Rückkehr zur Erde. Die fundamentale Erkenntnis, dass wir nur eine davon haben. Und dass das All für die Erde eine Bedrohung darstellt. Das Raumschiff Erde hat einen Rumpf, der es vor den Gefahren aus dem All schützt. Dieser Rumpf besteht aber nur aus einer dünnen Schicht Luft, der Atmosphäre. Steht man auf der Erde, vermutet man hinter den Wolken und dem blauen Himmel keine Bedrohung. Fliegt man im All, dann wirkt das ganz anders und sehr beängstigend. Mein Segelboot hat einen soliden Stahlrumpf, der mich vor den Gefahren des Ozeans beschützt. Doch für die Erde haben wir diese Sicherheit nicht. Es ist kein Stahlrumpf. Es ist nur eine dünne Luftschicht. Diese

Erkenntnis hat mich dazu gebracht, nur noch nachhaltig zu denken, zu handeln, zu wirtschaften. Das ist der einzige Weg, den es gibt!«

Wubbo war auch Erfinder. Schon als Kind hatte er sich allerlei Dinge ausgedacht, hatte gebastelt und getüftelt. Nun jedoch hatte er eine Mission. Ein neues Denken vorzuleben, weg von fossilen Energien, weg vom schädlichen Ausstoß der Treibhausgase. Er erfand den »Superbus«, einen rasend schnellen Elektrobus, der eher wie eine Rakete auf Rädern aussieht und auf eigenen Trassen die dicht besiedelten Ballungsräume Europas miteinander verbinden sollte. Oder die »Leitermühle«, ein himmlisches Kraftwerk, das mit riesigen Drachen unerschöpfliche Energien aus den hoch gelegenen Jetstreams der Troposphäre ernten sollte.

Wubbo Ockels konnte einfach nicht in althergebrachten Schablonen denken, auch beim Segeln nicht. Seine Yacht war vollkommen autark, alle Verbraucher – vom Hauptmotor über den Kocher und die Geschirrspülmaschine bis zur Heizung und zum Ankerwinsch – sind elektrisch; die für das sehr komfortable Leben an Bord benötigte Energie wird unterwegs selbst generiert. »Es gibt ja reichlich Energie«, meinte Wubbo. »Nachhaltigkeit hat immer diesen Beigeschmack von Verzicht. Aber es geht nicht um das Verzichten, sondern um das Andersmachen!« Wubbo und seine Frau Joos wollten dauerhaft an Bord leben. Ihre Kinder waren damals bereits erwachsen, das große Familienhaus hatten sie schon verkauft. Und sie wollten so leben, wie es anders für die beiden gar nicht mehr denkbar war: ohne oder wenigstens mit einem möglichst kleinen »carbon footprint«. Wubbo Ockels ist leider viel zu früh dem Krebs erlegen.

Ich setze den kleinen Nachhaltigkeitsexkurs noch ein wenig fort: Elektroantriebe an sich sind wahrhaftig nichts Neues. Wie überall kommt es auch hier auf die Feinheiten an, auf die Optimierung. Das deutsche Unternehmen Torqeedo ist dafür ein gutes Beispiel. Im Jahr 2005 kam der Unternehmer Dr. Christoph Ballin an den Starnberger See. Wegen der Regulierung von Benzin-Außenbordern auf dem See brauchte sein Boot einen Elektromotor. Aber die Antriebe entsprachen damals in keiner Hinsicht dem Stand der Technik. Damit wollte Ballin sich nicht abfinden, machte aus der Not ein Unternehmen und gründete Torqeedo. Sein Ziel damals wie heute: moderne und leistungsstarke elektrische Außenborder zu entwickeln. Heute ist Torqeedo die weltweite Nr. 1 für saubere Außenborder – und gerade an den Motorenkonzern Deutz verkauft worden. Die Torqeedo-Motoren sind in allen Bauteilen optimiert, vom Propeller bis zur Batterie, und bieten ein gutes Verhältnis von Preis, Leistung, Gewicht und Langlebigkeit.

Auf das System im Ganzen kommt es an. So lässt sich auch der Traum jedes Seglers heute schon realisieren: Mit dem eigenen Schiff vollkommen frei zu sein, unabhängig von Steckdosen am Steg oder Tankstellen an Land. Die Technologie dazu ist vorhanden, Joos und Wubbo Ockels machten es bereits vor. Im November 2012 segelten sie mit ihrem Schiff in die Karibik. Joos berichtet davon: »Eine hervorragende Passage, 17 Tage von Gran Canaria nach Barbados bei teils sehr viel Wind. Tolles Segeln und, vor allem, jede Menge Energie! Unsere Propeller brachten uns mehr, als wir verbrauchen konnten – trotz einer Crew von sieben Personen, die häufig geduscht und jede Menge Wasser gemacht und auch noch jeden Tag frisches Brot gebacken haben!« Der Strom dazu wurde beim Segeln durch zwei

Propeller generiert, zusätzlich gab es Wind- und Solarenergiegewinnung. Die Energie wurde in den Batterien gelagert, die sich in der Bilge befinden – zehn Tonnen Batterien, die dort den üblichen Ballast aus Eisen oder Blei ersetzen! Diese enorme Batteriebank, übrigens nur konventionelle Gel-Batterien, liefert genug Energie, um einen Monat lang in allem Komfort an Bord zu leben.

Ein weiterer Visionär für uns Bootsleute ist Wubbo Ockels' Landsmann Gideon Goudsmit. Auch er macht sich Sorgen um die Umwelt, möchte wie Wubbo möglichst CO_2-neutral leben. Sein Haus in Holland kommt ganz und gar ohne fossile Energie aus, auch dafür gibt es heute schon die entsprechende Technik, neben Wind- und Solarenergie vor allem die Geothermik. Letztere ist an Bord einer Segelyacht nicht ganz so einfach anzuwenden, doch alle anderen Technologien fasst Gideon Goudsmit an Bord der von ihm entwickelten und in Südafrika gebauten Katamarane mit dem Namen »African Cat« zu einem gut aufeinander abgestimmten Paket zusammen, dem er den Namen »Green Motion« verpasst hat – und mit dem sich auch andere Yachten auf die neue, »grüne« Technologie umrüsten ließen.

Kern des Systems sind die von Goudsmit und seinem Team entwickelten »Motogens«. Dies sind Elektromotoren, die sowohl zum Antrieb als auch zur Gewinnung von Energie dienen. Auf seinen »African Cats« sitzen sie an beweglichen Armen, an denen die ganze Einheit – Motor mitsamt Propeller – beim Segeln aus dem Wasser geschwenkt wird. So können große, effektive Festpropeller verwendet werden, die außerdem leicht zu reinigen sind. Beim Motoren sind die Arme nach unten geschwenkt, auch beim Laden der Batterien – was schon bei mäßigem Speed unter Segel recht effektiv geschieht. Zusätzlich zu den Motogens gibt es noch Solarpaneele und einen Windgenerator im Masttopp, der dort wesentlich effektiver und leiser arbeitet als auf dem üblichen Gestänge im Heck. Nur als wirkliches Notaggregat gibt es an Bord noch einen kleinen Dieselgenerator. Gelagert wird die Energie hier in modernen, wenn auch teuren Lithium-Ionen-Batterien. Diese haben gegenüber den konventionellen Blei-Säure-Batterien bis zu 70 Prozent weniger Gewicht und Volumen sowie angeblich eine ungleich bessere Langlebigkeit.

Genüsslich beginnt der Tag an Bord eines »African Cat«: Es wird ausgiebig heiß geduscht, dann ein echtes englisches Frühstück mit gebratenem Speck und Eiern zubereitet, die Espressomaschine läuft, nach dem Frühstück wird noch die Spülmaschine angeworfen und dann geht es Anker auf mit der elektrischen Ankerwinde. All das reduziert die Ladung um etwa ein Viertel, doch beim Segeln macht der Katamaran gemütliche acht Knoten, die Motogens sind im Wasser und generieren dabei jeweils 13,5 Ampere bei 150 Volt, also etwa 4 kW. Eine Stunde Kochen, um ein großes Menü zu zaubern, kostet etwa 2 kW; das hat man nach einer halben Stunde Segeln also schon wieder generiert.

Noch nie war es so komfortabel, Teil der Lösung zu sein. Diese Beispiele zeigen, dass man an Bord ganz und gar ohne fossile Energie und ohne schädlichen CO_2-Ausstoß gut leben kann. Die Technologie zum sauberen, leisen und vor allem nachhaltigen Leben ist vorhanden und seit einigen Jahren kommt sie nun auch endlich zur Anwendung. Zwar wird dies alleine noch nicht die Lösung all unserer Umwelt- und Klimaprobleme sein. Um es mit Wubbo Ockels zu sagen: »Die Entscheidung für Nachhaltigkeit in allen Lebensbereichen ist erst die Richtung, noch nicht die Lösung. Aber jede Reise beginnt mit dem ersten Schritt. Es kommt darauf an, heute schon zu sagen: Weniger fossile Energie, mehr Nachhaltigkeit!«

Auch Hausbootsiedlungen könnten in dieser Hinsicht wegweisend sein und mit neuen Technologien ausgestattet werden. Wassermacher, Solarstrom, Windenergie, in strömenden Gewässern auch Wasserenergie, moderne Heizungssysteme – so könnten auch immobile Hausboote ganz unabhängig von landseitigen Versorgern sein. Segeln kann man dann immer noch mit einer kleinen Jolle, die man an der Terrasse festmacht.

Die Qual der Wahl
≈≈≈≈≈≈≈≈≈≈≈≈≈≈≈≈≈≈≈≈≈≈≈≈

Während ich in Flensburg an Bord meines Segelbootes »Madonna« wohne, bewege ich viele Gedanken und verbringe viel Zeit mit Recherchen nach einem größeren Wohnschiff; eins mit vier richtigen Schlafkabinen und ausreichend Raum an Bord für mich, für gelegentlichen Besuch und für meine drei Kinder. Nicht einfach, vor allem wenn man eigentlich mobil und auch noch »seetüchtig« bleiben möchte. Aber auch diese Erkenntnis setzte sich erst allmählich durch – gibt es doch so vieles, was man auf dem Wasser unternehmen kann.

Bei einem Landurlaub in der Vendée, an der französischen Atlantikküste, wurde es mir endgültig klar – all die wunderbaren Häfen, Inseln, aber auch befahrbaren Flussmündungen sollten für mich in Reichweite bleiben. Dazu brauchte ich ein Schiff, mit dem ich nach Noirmoutier-en-l'Île, nach Nantes, zur Île d'Yeu, nach La Rochelle, in die Charente nach Rochefort oder auch flussauf bis Marans fahren könnte – ganz gleich, ob ich es jemals wieder tun würde wie einst vor vielen Jahren, als ich dort überall mit dem eigenen Boot mehrere Sommer lang unterwegs war, die Winter in Portugal oder in Südengland verbrachte. Wieder einmal in die Bretagne segeln oder, auf der anderen Seite des Kanals, nach Salcombe in South Devon, den Helford River in Cornwall hinein bis an sein schönes Ende bei Gweek, oder zu den Isles of Scilly, schon ein Stück weit draußen im Atlantik, die mit ihren weißen Sandstränden und Palmengärten fast so aussehen wie die mindestens 3000 Seemeilen weiter entfernte Karibik. Die westlichsten Küsten Europas, das ist meine Gegend, doch dauerhaft leben kann ich dort (noch) nicht, denn meine Kinder wachsen in Deutschland auf, gehen hier zur Schule und haben hier auch ihre Freunde und ihren Lebensmittelpunkt. Was also wäre schöner, als ein Schiff zu bewohnen, mit dem man von Deutschland aus das alles erreichen kann?

Das Problem waren natürlich die benötigten vier Kabinen. Zunächst dachte ich noch nicht wirklich wieder an den Atlantik, sondern konzentrierte mich eher auf diesen einen Punkt – genügend Raum für uns alle. Mein begrenztes Budget schränkte die Auswahl zwar schon ein, ließ aber andererseits auch noch sehr viele Optionen offen. Im Verhältnis von Platzangebot oder Schiffsgröße zu Anschaffungskosten waren die umgebauten Arbeitsschiffe aus den Niederlanden mit Abstand führend. Diesen Markt kannte ich ja auch schon einigermaßen gut von meinen Erfahrungen mit »Libje« und mit »Pippilotta«. Vor allem hatte ich, mit letzterem, einige teure Fehler begangen, die ich möglichst nicht wiederholen wollte. Vor allem nicht diesen: Beim Besichtigen des Schiffes hatten wir uns viel zu sehr von der wirklich schönen Einrichtung, dem wunderbaren Raum- und Wohngefühl an Bord beeindrucken lassen und darüber die eigentlich offensichtlichen technischen Mängel übersehen. Mein Bauchgefühl hatte mir geraten, die Finger von diesem Restaurationsprojekt, denn nichts anderes war es, zu lassen. Doch mein Kardinalfehler war es, mein Bauchgefühl zu missachten und mich vom cleveren, aber auch sehr aggressiven Makler und von meiner eigenen Familie zum Kauf drängen zu lassen, obwohl ich zu dem Zeitpunkt auch krank war. Fiebrig, mit den Nerven einigermaßen runter, unterschrieb ich Idiot den Kaufvertrag, noch dazu, ohne das Schiff zuvor von einem Gutachter untersucht haben zu lassen. Denn das kannte ich aus England als normale Prozedur: Man unterschreibt den Kaufvertrag, allerdings immer vorbehaltlich des dann zu erstellenden Gutachtens. Sollte dieses Gutachten gravierende Mängel nachweisen, kann man vom Kauf zurücktreten; kleinere Mängel dagegen werden auf Kosten des Verkäufers behoben. Auf meine telefonische Anfrage hin bestätigte mir der Makler in Groningen, dass dies hier auch so gehandhabt würde.

Wurde es dann nicht, wie ich bereits an früherer Stelle geschildert habe.

Wie es anders gehen kann, wurde mir erst kürzlich demonstriert. Auf der Suche nach einem neuen, segelnden, seegehenden Wohnschiff war ich auf einen Katamaran in Irland gestoßen, der durch einen englischen Makler angeboten wurde. Im November flogen Ole, mittlerweile 13 Jahre alt, und ich nach Irland, um uns den Kat anzusehen. Das war ein Abenteuer für sich, denn bei strömendem Regen, Sturmböen und heftigem Tidenstrom paddelten wir mit dem Verkäufer und einem viel zu kleinen Schlauchboot auf den Fluss hinaus, in dem das Boot verankert war. Wir verfehlten es, wurden von der starken Strömung abgetrieben und konnten froh sein, eine knappe Stunde später und durchnässt bis auf die Haut überhaupt wieder an Land zu gelangen, ohne von der Tide auf den offenen Atlantik hinausgetrieben worden zu sein. Beim zweiten Anlauf einen Tag später klappte es, wir sahen uns das Schiff genau an, es gefiel uns. Tage später machte ich ein Angebot, nach einigem Hin und Her einigten wir uns auf einen Preis, ich unterschrieb mal wieder einen Kaufvertrag, erneut mit der Klausel »subject to survey«, also vorbehaltlich des Gutachtens. Ich war froh, dachte, mein neues Schiff gefunden zu haben, und machte über den Winter viele Pläne. Im Frühjahr flogen Ole und ich abermals nach Irland, um das Schiff vom Gutachter prüfen zu lassen und um es zu übernehmen. Und trauten unseren Augen nicht, als wir es sahen: In der Zwischenzeit waren nämlich einige »Reparaturen« an den Rümpfen vorgenommen worden, die kaum als solche bezeichnet werden konnten – die »reparierten« GFK-Flächen waren noch nicht einmal richtig trocken, geschweige denn ausgehärtet, obwohl das Boot bereits wieder im Wasser lag. Auch der Gutachter war schockiert und machte kurzen Prozess: Nach nur sehr kurzer Besichtigung nahm er mich beiseite und schlug vor, auf ein Bier im nächsten Pub einzukehren, wo er mir die schlechte Nachricht beibrachte, die ich ja im Grunde selber schon kannte: Dieses Schiff solle ich besser nicht kaufen. Er schrieb ein entsprechendes Gutachten, das weder dem Verkäufer noch dem Makler gefiel.

Aber ganz im Gegensatz zu meinen schlimmen Erfahrungen beim Kauf von »Pippilotta« kam hier das englische Fair Play ins Spiel. Der Makler sagte zwar, er könne das Gutachten nicht nachvollziehen, aber so stünde es nun einmal im Vertrag und es sei mein gutes Recht, unter diesen Umständen vom Kauf zurückzutreten. Und schneller, als ich den Vertrag einst unterschrieben hatte, war ich wieder draußen. Die Anzahlung von immerhin 10 000 Euro, die ich bereits geleistet hatte, wurde mir ohne Diskussion innerhalb weniger Tage zurücküberwiesen – ohne Abzug irgendwelcher Gebühren. Der Makler, das sei hier auch noch einmal erwähnt, war Multihull World aus England, den ich nach dieser Erfahrung und im krassen Gegensatz zur

Firma in Groningen mit bestem Gewissen voll und ganz empfehlen kann.

Auch bei »Libje« war die Geschichte anders gelaufen. Dieses Schiff war von der Einrichtung und Ausstattung her extrem einfach. Aber dafür war es technisch in bestem Zustand, liebevoll gepflegt und darüber hinaus von außen so gut wie original. Es ist immer besser und sehr viel einfacher, die Inneneinrichtung zu verschönern, zu verbessern oder ganz umzubauen, als an die verrottete Technik zu gehen – wenn die Substanz eines Schiffes erst einmal angegriffen ist, kann man nur noch unter Einsatz von sehr viel Geld und Arbeit etwas erreichen.

So betrachtete ich die diversen im Internet angebotenen holländischen Museumsschiffe oder auch nur umgebaute Frachtschiffe mit einer entsprechenden Skepsis. Wollte ich mir wieder eine Dauerbaustelle antun? Sicher nicht. Und beim Betrachten einiger Bilder verschiedener Schiffe wurde mir ganz anders. Wenn man die Probleme kennt, sieht man sie selbst auf solchen Fotos sofort: rostige Motoren, unaufgeräumte Maschinenräume voller Ölkanister, Werkzeug, lose herumhängende Kabel. Fenster, an deren Unterseite man die Spuren sieht, die das hineinlaufende Wasser hinterlassen hat. Decks und Aufbauten mit verräterischen Rostpickeln und -nasen. Nein, solch ein Schiff wollte ich gewiss nicht noch einmal haben, und sei es auch noch so hübsch und schön eingerichtet und günstig. Allerdings gilt dies nicht für alle fahrenden Wohnschiffe aus den Niederlanden; auch unter den schon sehr alten Museumsschiffen gibt es viele, die tipptopp gepflegt und bestens erhalten sind.

Fragen sollte man sich auch beim Kauf eines solchen Schiffes immer, wie oft man auf Sicht tatsächlich damit fahren möchte. Es gibt viele alte Schiffe, die als Hausboote vollkommen in Ordnung sind, mit denen man aber nicht wirklich mehr regelmäßig und weit würde fahren mögen. Vielleicht ist es dann eine Herausforderung, das Schiff zu seinem neuen Liegeplatz zu bugsieren, aber wenn es dort einmal liegt und dort auch bleiben soll, muss man sich um die Maschinenanlage natürlich nicht sehr viele Gedanken machen. In jedem Fall in Ordnung sein sollte natürlich der Rumpf, aber jeder seriöse Makler wird darauf hinweisen und das auch im Vertrag vermerken, dass der Rumpf, sofern er aus Stahl ist, von der Dicke her mindestens den Anforderungen der niederländischen Versicherer entsprechen muss. Dazu wird bei jedem Kauf die Stärke des Rumpfes an vielen verschiedenen Stellen gemessen und wo nötig eben auch repariert. Sollte der Rumpf zu dünn werden, ist es durchaus üblich zu »doppeln«, also neue Platten von außen auf die zu dünnen Stellen zu schweißen.

Hinzu kommen immer mal wieder neue Verordnungen und Vorschriften, die solche alten Schiffe und ihre Eigner unter Umständen empfindlich treffen können. Bis vor einigen Jahren betraf dies ausschließlich gewerblich genutzte Schiffe, die in Charter mit zahlenden Passagieren an Bord fahren, doch nun gibt es auch offizielle Zertifikate und Prüfungen für rein privat genutzte Schiffe – bislang hatte man als Privateigner immerhin noch das Recht, sich mit jedem noch so verlotterten Seelenverkäufer ins Unglück zu stürzen; nun wollen die fleißigen Beamten in diversen Ämtern auch dies verhindern: Es ist schon eine schwere Aufgabe, uns Menschen behördlicherseits vor uns selbst zu schützen!

Doch im Ernst. In den Anliegerstaaten des Rheins müssen auch private Sportboote von mehr als 20 Meter Länge zertifiziert sein und dafür bestimmten technischen Anforderungen genügen. Im Internet, in Verkaufsanzeigen und bei Maklern kursieren seit einiger Zeit verwirrende Abkürzungen: Es gibt da die »TRIWV« (Technical Requirements for Inland Waterway Vessels), ein »CVO« (in den Niederlanden: Certifikaat van Onderzook) oder ein »CVB« (Certifikaat vor Binnenvaart). In Deutschland gibt es die »SUK«, die Schiffs-Untersuchungs-Kommission, die auch größere Privatfahrzeuge, also solche über 20 Meter Länge, prüft.

Ein europaweit einheitliches und gültiges Zertifikat existiert derzeit nicht, doch die Rhein-Anliegerländer erkennen die entsprechenden Zertifikate gegenseitig an. Da es in den Niederlanden eine große Zahl privat genutzter und teils sehr alter Binnenschiffe gibt, liegt die Vermutung nahe, dass es dort auch etwas einfacher ist, sein Schiff zertifizieren zu lassen. Vor allem sollte man beim Kauf darauf achten, dass ein entsprechendes CVO oder CVB vorhanden ist – falls nicht, wäre das ein Alarmsignal.

Was in Deutschland genau gefordert wird, damit ein Schiff zertifiziert wird, kann man im Internet unter www.wsv.de nachlesen, Stichwort: Rheinschiffsuntersuchungsordnung.

Um die Sache noch verwirrender zu machen, werden die Zertifikate für verschiedene Zonen ausgestellt, und jedes Land kann wiederum seine eigenen Fahrtzonen festlegen. Generell kann man sagen, dass die Zonen 3 und 4 die reinen Binnenwasserstraßen sind, die Zonen 1 und 2 sind die Gewässer im Übergang von Binnen zu Küste. Ausnahmen in Deutschland bilden außerdem solche Gewässer, für deren Befahren sogenannte Streckenkenntnisse verlangt werden, so auf dem Rhein, aber auch Teilen der Elbe oder Donau. Jedoch immer nur bei Schiffen von mehr als 20 Meter Länge.

Selbst das beste fahrende Wohnschiff ist nur bedingt seetüchtig. Fast alle dieser Schiffe wurden einst für die Fahrt auf den Binnengewässern oder in den geschützten Wattfahrwassern gebaut, nur wenige für eine etwas ausgedehntere Küstenfahrt. Immerhin hat unsere »Libje« es, nachdem ich sie verkauft hatte, bis in die Bretagne geschafft, wo sie seither als sehr luxuriöses, fahrendes »Hotelschiff« mit allerdings nur zwei Gästekabinen fährt. Ian hatte das Schiff für seine Zwecke in den Niederlanden umbauen lassen und es dann in die Bretagne gefahren, nicht jedoch entlang der Küsten der Nordsee und des Englischen Kanals, sondern durch die Binnengewässer Frankreichs. Und auch in der wunderschönen Bretagne fährt »Libje« ihre Gäste seither ausschließlich auf einigen wenigen und kurzen Kanälen spazieren.

Natürlich gibt es auch seegängige Motorschiffe zum Bewohnen. Eine Internetrecherche ist heutzutage eine wunderbare Möglichkeit, den Markt zu durchsuchen – europa- oder auch weltweit, wenn man das denn möchte. Nach einer Weile kennt man dann auch die großen, wichtigen Portale und ihre jeweiligen Gewichtungen. Wer beispielsweise Segelyachten oder Motorboote aus Skandinavien sucht, wird auf *udkik.dk* oder *scanboat.com* am ehesten fündig; Wohnschiffe oder auch festliegende Hausboote sucht man am besten immer noch in den Niederlanden auf Seiten wie *botentekoop.nl* oder *yachtfokus.nl*. Multihulls findet man besonders viele in Frankreich, zum Beispiel bei *annoncesbateau.com* oder *catamaran-occasion.com* sowie weltweit auf spezialisierten Seiten wie *cat-sale.de* oder *multihullworld.co.uk*. Und eigentlich fast alles, was schwimmt, findet man auf den ganz großen Portalen wie *yachtworld.com* oder *theyachtmarket.com*. Dann gibt es noch hunderte Seiten einzelner Makler in der ganzen Welt, die oft, aber nicht immer auf bestimmte Arten von Booten oder Schiffen spezialisiert sind – die findet man aber meistens, indem man auf den großen Portalen einzelne Angebote anschaut und dann von dort auf die Seiten des jeweils anbietenden Maklers geht.

Für meine persönliche Recherche nach dem gesuchten Vier-Kabinen-Wohnschiff gab ich bei *yachtfokus.nl* keine besondere Schiffskategorie ein (noch nicht einmal Motor oder Segel), dafür aber eine Schiffslänge zwischen 15 und 20 Meter. Unter 15 Meter, dachte ich mir, würde ich vermutlich kaum vier anständige Kabinen und Raum zum Leben bekommen, über 20 Meter würde es zu teuer und auch zu kompliziert – bis 20 Meter darf man heute ja auch Binnen ein Schiff für private Zwecke nur mit dem Sportbootführerschein fahren. Dazu gab ich eine halbwegs realistische Obergrenze für den Kaufpreis ein und bekam dutzende spannender Schiffe angezeigt – unter hunderten, die aus verschiedenen Gründen sofort aussortiert wurden. Vor allem aber zeigte es mir die Bandbreite der Optionen. Von modernen Motoryachten (mag ich nicht) über ganz hübsche Verdränger, einige kleinere Tjalken und historische Motorschiffe bis zu ein paar modernen Segelyachten, die erstaunlich günstig noch relativ jung aus dem Charterbetrieb gekauft werden können. Allerdings liegen diese dann meist in den beliebten Urlaubsrevieren am Mittelmeer oder noch weiter entfernt, so dass Besichtigung, Begutachtung und Überführung entsprechend zeitaufwändig und teuer werden. Auch muss man dann immer noch die Mehrwertsteuer auf den Kaufpreis in einem EU-Land entrichten (auch hierbei helfen gute, professionelle Makler, die wissen sollten, wo der Steuersatz hierfür besonders niedrig ist).

Obwohl bei dieser Auswahl auch klassische und für meinen Geschmack schöne Motoryachten dabei waren, die sehr günstig angeboten wurden und die sich bestimmt gut bewohnen lassen würden, sortierte ich sie nach einigen Überlegungen dann doch wieder aus. Würde ich allerdings auf Dauer in Flensburg sesshaft bleiben und vielleicht nur ab und zu auf die Flensburger Förde oder in die nahe gelegene »Dänische Südsee« fahren wollen, wären diese durchaus eine attraktive Option: Meist haben sie, aufgrund ihrer Bauart und Rumpfform, deutlich mehr Platz an Bord als eine Segelyacht gleicher Länge.

Auf anderen speziellen Seiten in Holland kann man auch stationär liegende Hausboote finden, die zum Teil sehr günstig angeboten werden – was vom Preis her ins Gewicht fällt, ist meist nicht das Boot selbst, sondern der Liegeplatz. Das ist eben ganz genau so wie bei Landimmobilien: Die Lage zählt. Wenn man Glück hat, findet man ein attraktives Hausboot, das ohne Liegeplatz entsprechend günstig angeboten wird. Aber dann muss man das Ding irgendwie nach Deutschland, oder wo auch immer man wohnen möchte, schleppen lassen und das kann richtig teuer werden. Und man muss natürlich einen geeigneten Liegeplatz haben, was in Deutschland leider immer noch die größte Hürde für alle stationären, immobilen Hausboote darstellt.

Einfacher hat man es da schon mit einem fahrenden Schiff. Ein gut umgebauter, äußerlich möglichst original erhaltener Frachtsegler wie die »Pippilotta« oder ein früheres Motorfrachtschiff wie die »Libje« hätten gute Chancen, in einem der verschiedenen Museumshäfen einen Platz zu finden. Zwischen Emden, Flensburg, Hamburg und Greifswald gibt es Museumshäfen, in Hamburg sogar gleich drei (in Oevelgönne, im Sandtorhafen mitten in der HafenCity und in Finkenwerder) oder zumindest Piers oder Liegestellen, wo Traditionsschiffe gerne gesehen sind. Aber wie gesagt, sie sollten äußerlich einen musealen Charakter haben. Einen Rechtsanspruch gibt es sowieso nicht, am Ende entscheiden immer die Betreiber, ob sie Platz haben und ob ein bestimmtes Schiff bei ihnen willkommen ist – das sollte also möglichst vor dem Schiffskauf abgeklärt werden.

Und noch einfacher haben es natürlich Yachten, sie finden fast überall in den Yachthäfen einen Platz, der dann allerdings nicht immer besonders günstig ist. Vor allem nicht für Katamarane, die zum Wohnen deutliche Vorteile haben. Sie bieten auf gleicher Länge wie ein Einrumpfboot mehr als doppelt so viel Platz: Zwei Rümpfe plus das Brückendeck, auf dem sich normalerweise der sehr große Salon und oft auch noch die Küche befinden. Eine ideale Aufteilung: Die Schlafkabinen (oft vier, zwei in jedem Rumpf) und Badezimmer in den Rümpfen und Salon und Küche oben auf dem Brückendeck, mit viel Licht und Luft und einem tollen Pa-

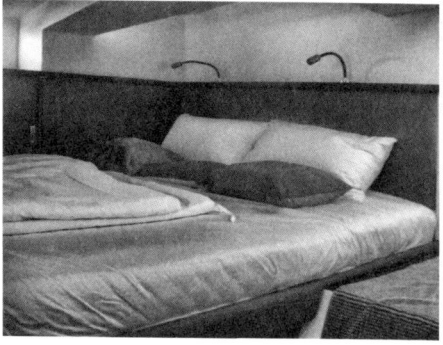

Innen- und Außenansicht moderner Serienkatmarane

noramablick über das Geschehen im Hafen. Das ist ein ganz anderes Wohngefühl, als in der üblichen »Kellerwohnung« eines Einrumpfbootes zu sitzen, sofern dieses nicht auch einen Deckssalon hat. Dazu bietet der Katamaran auch noch große Außenflächen sowie ein meistens sehr geräumiges, oft überdachtes Cockpit, das zumindest im Sommer oder im Süden den Lebensraum an Bord noch einmal erheblich erweitert.

Die Nachteile einer Yacht? Hohe Liegeplatzkosten und hohe Anschaffungskosten. Die Vorteile von Katamaranen, auch beim Segeln und besonders auf Langfahrt im Süden, haben sich mittlerweile herumgesprochen und Multihulls werden derzeit immer beliebter – was sich leider auch deutlich in den Kaufpreisen zeigt, und zwar sowohl für neue als auch für gebrauchte Kats. Allerdings gibt es hier ganz erhebliche Unterschiede im

›Cockpit‹ eines modernen Serienkatamarans

Hinblick auf die Segelleistung und das Raum- angebot an Bord. Wer gut und schnell segeln und dabei auch noch viel Wohnkomfort an Bord genießen möchte, wird schon sehr viel Geld für seinen Katamaran auszugeben bereit sein, der dann vermutlich auch kaum weniger als 13 oder 14 Meter lang sein dürfte. Wer allerdings mit bescheidenen Segeleigenschaften oder andererseits einer sehr einfachen Ausstattung an Bord zufrieden ist, kann auch vor allem unter älteren Modellen einen vergleichsweise günstigen Kat finden.

Aber wer möchte schon gerne auf den Segelspaß verzichten, wenn man schon mal auf dem Wasser wohnt? Vielleicht muss es dann doch ein eher immobiles, aber geräumiges Hausboot sein, mit einer sportlichen Segeljolle davor, mit der man besagten Spaß auch genießen kann – sofern das »Haus« am richtigen, zum Segeln geeigneten Gewässer liegt. Hach – einfach ist sie wirklich nicht, diese Qual der Wahl!

Mobil oder immobil
≈ ≈

Wie lebt es sich wirklich, so ganz immobil und doch auf dem Wasser? Das war auch für mich eine neue Erfahrung. Ich habe auf ganz unterschiedlichen, verschiedenen Schiffen gewohnt – von der gut 10 Meter langen »Enterprise« und dem ebenso langen Katamaran »Roving Red Admiral« über die beiden großen Wohnschiffe »Libje« und »Pippilotta« zu der 11 Meter langen Segelyacht »Madonna« – aber noch nie auf einem fest liegenden Hausboot. Ausprobieren konnte ich es, gemeinsam mit einer Freundin und je einem von ihren und meinen Kindern, als wir für meine Zeitschrift WAVES eine Reportage über eben dieses Thema produzierten: Leben auf dem Wasser, auf einem Architektenhausboot mitten in Hamburg.

Das Wohngefühl war schon anders; anders als an Land, aber auch anders als auf jedem Schiff. Das Hausboot lag, in einer Reihe nebeneinander mit sechs weiteren, auf dem Hochwasserkanal, einem Nebenarm der Bille, mitten in Hamburg am Victoriakai-Ufer. Seegang war hier natürlich nicht zu befürchten, vermutlich hätte man an Bord sogar Billard spielen können, aber hin und wieder schwankte es so gerade eben, leicht und leise und kaum spürbar.

Im großen Wohnraum war der Küchenblock das zentrale Element, und als ich dort ein schnelles Lunch vorbereitete, schweifte mein Blick immer wieder wie von selbst nach draußen. Stilles Wasser, Enten, Blesshühner, Haubentaucher; es machte mich selig zu sehen, mit welchen wunderbaren Wasserbewohnern wir uns diese Ecke des Kanals teilten. Der Fußboden lag etwas unterhalb der Wasserlinie und durch die große Fensterfront nach Süden befand ich mich mit dem Geflügel da draußen fast auf Augenhöhe – auch das eine wunderbare Perspektive, die man so an Land nicht haben würde. Und die gewiss zur Beruhigung und Entschleunigung beiträgt.

Dann das Sonnendeck. Ich genehmigte mir einen Drink, öffnete dann elektrisch, per Knopfdruck, eine große transparente Dachluke. Die Kinder flitzten als Erste hinauf und kaperten die Dachterrasse, wenig später ließen auch wir Großen uns zwischen Hausboot und Himmel in die Deckchairs sinken. Genossen den Blick, ließen den Alltag ein Deck tiefer zurück. Sind wir hier nun in einem Haus oder auf einem Schiff? Schwer zu sagen. Das Ding schwimmt, na klar, aber solch eine schöne Dachterrasse gibt es, wenn überhaupt, nur auf großen Schiffen. Und auch das Wohngefühl »unter Deck« erinnert eher an ein Haus als an ein Schiff.

Natürlich ist ein Hausboot wie dieses, anders als ein Schiff, eine Immobilie. Allerdings im besten Fall eine mit einem kleinen Anleger für ein Beiboot. Mit dem könnten wir von hier aus zum Beispiel kürzere oder auch längere Ausfahrten in die Fleete und Kanäle Hamburgs unternehmen. Oder mal in die HafenCity fahren, zur Elbphilharmonie, ganz ohne Auto und Parkplatzsorgen.

Will ich ein Schiff oder will ich ein Haus? Für alle, die dieses Buch bis hier gelesen haben, wird es keine Überraschung sein, wenn ich sage: Ich möchte ein echtes und vor allem auch mobiles Schiff zum Wohnen. Aber natürlich kann es auch ganz wunderschön sein, in einem Haus zu leben, das auf dem Wasser schwimmt. Und das dabei vermutlich mehr Platz bietet als ein Schiff und ein Raum- und Wohngefühl, welches mit dem eines Hauses an Land vergleichbar ist.

Reicht es mir also, einfach ein Haus aufs Wasser zu verpflanzen? Das wäre tatsächlich eine Lösung, die aber nur den kleinsten Teil des Potenzials realisiert. Erst einmal ist es schön, auf dem Wasser zu sein. Aber wie an Land zählt dann auch hier die Lage. Nur weil man auf dem Wasser ist, muss es dort nicht unbedingt schön sein. Wasser fließt und verändert sich, so wie das Leben an sich auch. Das ist für mich der Kern und der Reiz des Wohnens auf dem Wasser, und das bedeutet dann auch: Mobilität. Ein Schiff, kein (schwimmendes) Haus eben. Übrigens: Ein Ponton mit einem Haus drauf, der angeblich von einem kleinen Außenbordmotor angetrieben und gefahren werden kann, ist noch viel weniger als ein Schiff. Das ist eine Notlösung, vielleicht zum kurzen Verholen im Hafen bei Windstille, aber alles andere, fahren bei Wind und Wetter, kommt mir damit selbst auf einem geschützten Gewässer höchst suspekt vor.

Was aber schränkt die Mobilität ein? Sofern man nicht über ein unbegrenztes Budget verfügt, folgt es vor allem unserem gewohnten Denkschema, ein Haus, wie wir es kennen, auf das Wasser verpflanzen zu wollen: mit hohen Decken, rechten Winkeln, geraden Wänden, viel freier Bodenfläche (also Quadratmeter »Wohnfläche«). Dabei ist es auch in technischer Hinsicht viel einfacher, ein Schiff bewohnbar zu machen, als ein Haus seetüchtig! Sofern man nicht auf einem kleinen Segelboot lebt, kann man auf jedem etwas größeren Schiff ab 15 bis 20 Meter Länge alles an üblicher Haustechnik einbauen, an die wir so gewöhnt sind: Zentralheizung, Heißwasser, Waschmaschine, Geschirrspüler, Trockner. Selbst eine Badewanne hatten wir sowohl auf der »Libje« als auch auf »Pippilotta«, aber beides waren und sind Schiffe, keine Häuser.

Als ich »Libje« kaufte, hatte sie zum Beheizen nur zwei Kaminöfen, einen vorne im Wohnraum und einen achtern in der alten Schifferwohnung. Damit hatte die Familie, von der ich sie kaufte, dreißig Jahre lang an Bord gelebt, auch während der Wintermonate. Trotzdem wollte ich eine Zentralheizung. Und dachte, da dies ja ein Schiff war, dass ich Schiffstechnik brauchte, einen Spezialbrenner zum Beispiel. Bis mich glücklicherweise der Heizungsinstallateur Bernd Mahler aus Freiburg an der Unterelbe darauf brachte, doch einfach moderne Haustechnik einzubauen. Er segelt selbst und kennt sich mit Schiffen aller Art bestens aus, seine Firma installiert auch Heizungen auf Fähren und Fischerbooten. So bekam ich denn einen Brenner der damals neuesten Generation an Bord, mit Außenthermostat und allem Komfort: fantastisch. Man muss eben nur einmal außerhalb der eigenen Grenzen denken.

Allerdings hatten wir auf »Libje« damals noch keinen Umformer, unterwegs also nur 24 Volt statt 220 Volt. Machte aber auch nichts, denn wir fuhren ja ohnehin nie länger als ein paar Stunden am Tag und meistens konnten wir uns dann wieder in den Landstrom einstecken. Und falls nicht: Heizen konnten wir auch immer noch mit dem eigentlich nur noch der Gemütlichkeit wegen vorhandenen Kaminofen. Kühlschrank und Herd liefen mit Gas, Telefone und Computer wurden vor dem Ablegen aufgeladen, falls man sie überhaupt benutzen wollte, und heißes Wasser kam dann eben mal aus dem Kessel auf dem Herd statt aus dem Hahn. Ein Umformer in Verbindung mit der entsprechenden Batteriebank hätte natürlich auch unterwegs bei laufender Maschine für 220 Volt gesorgt – aber wirklich nötig war das nicht.

Man macht sich das Leben an Bord leichter, wenn man nicht immer gleich auf die »Maximallösung« pocht. Weniger ist Meer! Ja, es reist sich wirklich sehr viel einfacher mit leichtem Gepäck und es ist zuweilen sehr befreiend zu merken, dass man auch mit weniger als dem höchstmöglichen Komfort sehr gut leben kann.

Und das gilt auch für die Schiffsgröße oder, um noch einmal beim Haus zu bleiben, für die Wohnfläche. Wer sich nur in einem Palast wohlfühlt, wer mindestens 500 Quadratmeter oder noch viel mehr Bodenfläche im Haus haben muss, der kann einfach an Land bleiben. Aber alle unsere wirklich elementaren Bedürfnisse können wir auch auf sehr viel weniger Raum erfüllen, zumal kleinere, geschwungene, geschützte Räume doch oftmals so viel gemütlicher sind als große Hallen. Vor allem aber kann man sich einen Traum vielleicht viel eher erfüllen, wenn man auch in dieser Hinsicht geistig flexibel ist.

Jeder Traum muss, wenn er realisiert werden will, bezahlbar sein. Finanzierbar ist der Traum vom fahrenden Wohnschiff in Deutschland jedoch leider nur in Ausnahmefällen. Banken finanzieren gerne Immobilien an Land, mit denen sie vertraut sind. Aber ein Schiff? Das machen höchstens spezialisierte Makler oder Banken, zu entsprechend höheren Zinsen, wenn überhaupt. Andererseits ist auch für eigentlich jede Hausfinanzierung ein Eigenkapital nötig und mit viel Glück kann man schon für solch eine Summe ein ganzes Schiff finden. Beim Schiffskauf im Ausland muss man wissen, dass dort Schiffe eben doch wie Häuser finanziert werden, so zum Beispiel in den Niederlanden,

aber auch in England oder Frankreich. Sie können also theoretisch beim Verkauf noch belastet sein und schon aus diesem Grund ist es ratsam, dort nur mit seriösen Maklern zu arbeiten, die solche und andere Fragen klären können.

Fest liegende Hausboote werden auch bei uns zuweilen in

Innen- und Außenansicht moderner Hausboote

Zusammenarbeit mit Banken angeboten, die dann auch finanzieren. Oft aber leider nur als Ferienwohnung und nicht zum dauerhaften Bewohnen und, falls doch, dann sind solche immobilen »Designerhausboote« meist mindestens so teuer wie ein Einfamilienhaus in guter Wohnlage an Land. Eine spannende und reizvolle Alternative kann es sein, wenn sich mehrere Gleichgesinnte zu einer Art »Arbeitsgruppe« zusammenfinden und ihr eigenes Hausboot entwickeln und von lokalen Handwerkern bauen lassen, wenn wenigstens ein Architekt, Ingenieur, Yachtdesigner oder ähnlicher Fachmann/Fachfrau dabei ist. Als Gruppe von mehreren Hausbootinteressenten ist es vermutlich auch deutlich wirksamer, einmal bei der eigenen Stadt oder Kommune nach Liegeplätzen zu fragen. In den kleineren Küstenstädten ist es anscheinend einfacher, geeignete Liegeplätze zu finden; vor allem entlang der Ostseeküste tut sich da offenbar einiges, denn auch in den Yachthäfen liegen jetzt öfter Hausboote. Zwar oftmals offiziell nur für die Ferienvermietung, aber ein Anfang ist das allemal.

Neben den Finanzen gibt es allerdings noch andere Hürden. Wenn meine Familie mich liebt und ich wirklich für das Leben an Bord brenne, dann werde ich sie begeistern können, dann wird sie mitziehen aufs Schiff. Wenn ich kein Hausboot mit allem Luxus finde oder bezahlen kann, warum dann nicht ein Museumsschiff? Wenn ich in meiner Stadt keinen Liegeplatz für ein Hausboot finde, vielleicht muss ich dann ein Schiff wählen, das offiziell als Sportboot einen Liegeplatz finden kann? Wenn ein Weg nicht funktioniert, vielleicht muss ich dann kreativ und flexibel sein und eine andere Lösung finden?

Zurück auf »unser« Hausboot am Victoriakai-Ufer. Der nächste Morgen. Ich war als Einziger sehr früh wach geworden. Ich liebe diese stille Morgenstunde. Blickte auf das Wasser, beobachtete die Vögel. Waren das Gänse? Wassergänse, gibt es die? Da kamen kleine schwarze Viecher mit weißem Fleck auf der Stirn, und dort, waren das wirklich Haubentaucher? Sie hatten eine stromlinienförmige Trump-Frisur auf dem orangefarbenen Kopf, echt schick. Auch die Stadt ringsum schlief noch, himmlische Ruhe umgab mich. Die Sonne kam hinter den Wolken hervor, ihre Strahlen tauchten das Wasser in silbriges Licht, die Reflexe tanzten auf den winzigen Wellen, die Wasservögel hatten den Kanal für sich und ich lehnte mich wieder gemütlich und zutiefst zufrieden in die Kissen. Schnell noch ein halbes Stündchen schlafen, bevor uns die Kinder wecken würden. Genau so durfte ein wunderbares Wochenende auf dem Hausboot beginnen! Oder auf dem Wohnschiff, mit dem ich am Wochenende noch einmal losfahre, den Fluss hinab zur nächsten Bucht oder die Flensburger Förde hinaus bis zu den kleinen dänischen Inseln …?

Leben auf Schiffen: Fragen und Antworten

≈ ≈

Mobil oder immobil?
Ein fest liegendes Hausboot ist technisch einfacher, zumal wenn es an die Ver- und Entsorgungen an Land angeschlossen ist. Allerdings ist es sehr viel schwerer, solch einen Liegeplatz zu finden. Mobile Schiffe können einfacher einen Liegeplatz finden oder diesen auch wechseln, ganz abgesehen natürlich von der Möglichkeit, am Wochenende oder im Urlaub mit dem Schiff zu fahren.

Wo will ich wohnen – gibt es dort Liegeplätze oder kann ich einen bekommen?
Diese Frage sollte vor einem Schiffskauf unbedingt geklärt sein. Oft hilft es, ein Foto des Schiffes, welches man kaufen möchte, oder des Schiffstyps zu zeigen – vor allem in Stadthäfen oder Museumshäfen, wo es auch auf Ästhetik ankommt.

Gibt es Einschränkungen bezüglich der Schiffsgröße oder des Tiefgangs?
Das betrifft den Liegeplatz oder auch die Gewässer, die ich befahren möchte. Beispiel: Die meisten Schleusen der kleineren Kanäle in Frankreich sind höchstens 5 Meter breit. Ein Schiff für die europäischen Binnengewässer sollte daher lieber nicht breiter als eben unter 5 Meter sein. Auch beim Tiefgang gibt es

auf den Binnengewässern Einschränkungen, kleinere Kanäle haben oft kaum viel mehr als einen Meter Wassertiefe.

Falls ich mobil sein will, welche Gewässer möchte ich befahren können?
Das ist natürlich maßgeblich für die Art von Schiff, nach dem ich suche: Binnen, Küste, See?

Was benötige ich an Raum?
Dazu die eigenen Bedürfnisse möglichst genau einkreisen, dann nochmal überprüfen: Wie viele Personen wohnen an Bord, wie viele Zimmer/Kabinen benötige ich, brauche ich ein Büro, arbeite ich an Bord oder an Land, und so weiter.

Wie hoch ist mein Budget?
Zusätzlich zum Kaufpreis fallen Nebenkosten an: Gutachter, dazu meist auch Kosten, um das Schiff zur Begutachtung aus dem Wasser zu nehmen. Bei der Übernahme des Schiffes entstehen gleich weitere Kosten – auf jeden Fall Versicherung, meist auch Liegeplatz, falls nicht anders vereinbart. Dann kostet natürlich auch die Überführung zum Heimathafen etwas …

Wie hoch dürfen die laufenden Kosten pro Jahr sein?
Welche monatliche oder jährliche Belastung kann ich mir leisten – Liegeplatz, Versicherung, Reparatur/Pflege, Verbrauchskosten für Strom, Treibstoff und Wasser …

Wie werde ich heizen?
Falls das Schiff im Norden liegt und hier rund ums Jahr bewohnt werden soll, ist dies eine entscheidende Frage. Bei klei-

neren Schiffen reichen oft eine Standheizung (Warmluft, mit Diesel oder Gas betrieben) oder Heizkörper an einer Dieselheizung. Ein Ofen (ein Schiffsofen für Diesel wie »Refleks« und »Dickinson« oder für Diesel und Petroleum wie »Taylor's« oder auch ein kleiner Kaminofen) verbreitet eine gemütliche und vor allem trockne Wärme. Bei größeren Schiffen kann, wie im Buch beschrieben, schon normale Haustechnik zum Einsatz kommen, beispielsweise ein Ölbrenner als Zentralheizung. Oder auch moderne Systeme: elektrisch, sofern man genug Strom selbst generiert (mit Solar und Wind), oder Pellets oder vieles andere – ob beispielsweis eine Wasser-Wärmepumpe auf Schiffen funktionieren würde, ist soweit ich weiß noch nicht ausprobiert worden.

Wie werde ich kochen?
Gas ist am einfachsten und wird von vielen Köchen bevorzugt, nicht jeder möchte jedoch eine Gasanlage an Bord haben. Die beste Alternative für den Dauer-Wohnbetrieb ist elektrisch, wiederum am besten, sofern man selbst genug Strom generiert oder meist immobil im Hafen liegt und an den Landstrom angeschlossen ist. Einige Yachten haben Petroleum- oder Spirituskocher, die sind jedoch im täglichen Betrieb eher mühsam und ich würde sie für den dauerhaften Liveaboard nicht unbedingt empfehlen.

Wie Ver- und Entsorgen?
Welche Kapazität haben die Wassertanks, wie oft werde ich also Wasser bunkern müssen? Gibt es einen separaten Heizöltank? Wenn nicht, wie meist bei Schiffen aus dem Ausland, muss man den bei Bedarf nachrüsten. Entsorgung im Schmutzwassertank

zum Auspumpen oder per bordeigenem Klärwerk? Solche gibt es beispielsweise bei Tom Logisch (http://www.tomlogisch.com/enteron/), Hamann Wassertechnik (www.hamannag.com) und von anderen Anbietern. Oder liegt das Schiff fest und kann an die lokale Kanalisation angeschlossen werden? (Vorsicht: Die Anschlüsse müssen dann winterfest sein.)

Kommunikation
Telefon, Internet, TV: Entscheidend ist guter Mobilempfang durch eine entsprechende Außenantenne, vielleicht auch mit einem bordeigenen WLAN. Dann ist die Kommunikation in Landnähe – wir sprechen hier nicht über Ozeanüberquerungen – gar kein Problem: Die meisten Küstengewässer werden auch schon von den Mobilfunknetzen erreicht. Viele Häfen haben ein eigenes WLAN, in das man sich einloggen kann; oft ist die Geschwindigkeit der Datenübertragung dort dann aber eher mittelalterlich.

Muss ich sehr viel Ahnung von Booten haben, um an Bord leben zu können?
Nein, ich muss nicht unbedingt mit Booten aufgewachsen sein, auch wenn das sicher kein Nachteil wäre. Mit gesundem Menschenverstand, Lernwilligkeit und Flexibilität kann ich mir alles Notwendige an Wissen und Fertigkeiten aneignen. Das Einzige, was wirklich wichtig ist: Enthusiasmus. Begeisterung für diese Art des Lebens, auch bei Rückschlägen oder ungemütlichen Situationen, denn die gehören dazu.

Wo das Land endet, beginnt das Meer. Es gibt Menschen,
für die »Land's End« genau der Ort ist, an dem das Glück ruft.
Segeljournalist Detlef Jens ist so einer.
In diesem Buch führt er uns auf Wasserreisen in Europa.

Detlef Jens
Land's End
Wo das Leben beginnt
Reisejahre eines Seevagabunden
Mit einem vierfarbigem Bildteil
200 Seiten,
Hardcover mit Schutzumschlag
18,00 € (D)
ISBN 978-3-945465-35-6

Mehr Informationen: www.hamburgparadies.de

*Stück für Stück entwirrt der junge Segelmacher Ole Storm
das Geheimnis eines ominösen Segeltörns, der von Kiel aus nordwärts,
auf der klassischen Route über Anholt in die schwedischen Schären führt.
Packende Segelmanöver und Hochspannung garantiert!*

Jan von der Bank
Die Farbe der See
Roman
Großformatiges Paperback
mit Abb.
376 Seiten,
15,00 € (D)
ISBN 978-3-945465-36-3

Mehr Informationen: www.hamburgparadies.de

1862 – 1871. Zwei lange Fahrten macht der junge Seefahrer Viet von Appen in diesen Jahren. Die erste Fahrt geht westwärts, um Kap Hoorn nach Chile. Die zweite führt den frisch gebackenen Steuermann ostwärts um das Kap der Guten Hoffnung. Abenteuer Segelschifffahrt im 19. Jahrhundert!

Ronald Holst
Totgeglaubt
Die mörderische Reise
der COMET aus Blankenese
1862-1867
Novelle
192 Seiten,
Hardcover mit Schutzumschlag
17,00 € (D)
ISBN 978-3-945465-11-0

Ronald Holst
Gerettet
Die abenteuerliche
Weltreise der CERES
1868-1871
Novelle
240 Seiten,
Hardcover mit Schutzumschlag
17,00 € (D)
ISBN 978-3-945465-33-2

Mehr Informationen: www.hamburgparadies.de

*Seit über 20 Jahren ist der weltbekannte Fotograf Thomas Kunadt
den Schiffen auf der Spur. Yachten, Kreuzfahrer, Containerriesen.
Über 100 Häfen hat er besucht.
Dies ist sein großes Hauptwerk!*

Thomas Kunadt
SCHIFFE
Eine Passion
Großformat geb. mit Schuber
616 Seiten
mit über 300 Fotografien
und einem beigelegtem Register
Deutsch und Englisch
98,00 € (D)
ISBN 978-3-945465-63-9

Mehr Informationen: www.hamburgparadies.de